헤겔과 일반화된 마르크스주의

공감이론신서 29

헤겔과 일반화된 마르크스주의

윤소영 지음
과천연구실 세미나 31

공 감

공감이론신서 29
헤겔과 일반화된 마르크스주의
윤소영 지음
과천연구실 세미나 31

초판인쇄일 2007년 10월 25일
초판발행일 2007년 10월 31일

도서출판 공감
발행인 이 범 수
출판등록 22-1006 (1996. 5. 14.)
서울시 마포구 망원2동 436-40 플러스타운 101-1호
전화 323-8124 / 팩스 323-8216
전자우편 alba21@naver.com

ISBN 978-89-86939-33-0 03320
값 7,000원

서 문

> [헤겔은] 조건을 조건지어진 것으로, 결정자[원인]를 결정된 것[효과]으로, 생산자를 그 생산물의 생산물로 조정(措定)한다.(…)그는 [포이어바흐 식으로 말하자면] 관념[사고대상]의 주어를 관념의 술어로 만드는[전도하는] 것이다. 그는 현실대상(Gegenstand)으로부터 사고[대상]를 전개하지 않고, 논리학의 추상적 영역에서 이미 완성된 사고[대상]에 따라 현실대상을 전개한다.(…)헤겔의 주요한 오류는 [본질과] **현상의 모순을 관념 속에서의 통일**[화해]로 파악하는 것이다. 그러나 물론 그것은 자신의 본질로서 더 심오한 것, 즉 **본질적 모순**을 갖는다.(…)진정한 비판은 [속류적 비판과 달리] 모순을 **설명한다**. 즉 (…)그것의 필연성을 파악한다는 것이다. 그러나 이런 파악은 헤겔의 생각처럼 모든 곳에서 논리학적 개념 규정을 재인식하는 데 있는 것이 아니라, 고유한 현실대상의 고유한 논리를 파악하는 데 있다.
>
> — 마르크스, 『헤겔 국가론 비판』
> ('1843년 원고' 또는 '크로이츠나흐 원고')

『헤겔과 일반화된 마르크스주의』라는 제목의 이 책은 『일반화된 마르크스주의의 쟁점들』(공감, 2007) 및 『일반화된 마르크스주의의 경계들』(공감, 2007)에서 제기한 '헤겔-마르크스주의'와 변증법에 대한 논의를 한 단계 심화시키는 연구 노트다. 또 9월말에 출판된 『헤겔과 성적 차이의 페미니즘』(공감, 2007)은 '헤겔-페미니즘'과 변증법을 검토하는 몇 편의 글을 번역한 것이다.

마르크스의 플란(Plan, 작업의 계획 또는 저작의 구성)과 헤겔의 체계(System) 사이에는 비판적 관계가 존재한다. 『철학백과사전』에서 제시된 헤겔의 체계는 논리학과 현실철학으로 구성된다. 현실철학은 자연철학과 정신철학을 의미하는데, 정신철학의 핵심이 객관정신의 철학으로서 법철학(또는 국가론)이고, 그 절정이 정치사로서 세계사(현실의 역사)다. 헤겔의 체계는 절대정신의 역사로서 예술철학사, 종교철학사, 특히 철학사(이론의 역사)로 보충된다.

반면 마르크스의 플란은 『경제학-철학 원고』('1844년 원고' 또는 '파리 원고')에서 제시된 정치 및 경제학 비판에서 『자본』 집필과정에서 제시된 경제학 비판, 경제학설사·사회주의학설사, 경제사로 변경된다(윤소영, 『마르크스의 경제학 비판』(개정판), 공감, 2005). 마르크스는 헤겔 법철학 비판에서 출발하여 경제학 비판에 도달한다. 경제학 비판의 방법은 헤겔 논리학에 대한 비판이기도 한데, 그 과정에서 경제학 비판은 경제사로서 세계사(현실의 역사)와 결합하고(윤소영, 『일반화된 마르크스주의 개론』, 공감, 2006), 나아가 경제학설사·사회주의학설사(이론의 역사)와도 결합한다(윤소영, 『역사적 마르크스주의: 이념과 운동』, 공감, 2004).

이 책에 실린 「헤겔-마르크스주의와 변증법 (II)」는 헤겔의 『대논리학』과 마르크스의 『자본』을 비교하면서 경제학 비판의 방법을 설명한다. 반면 최초의 플란에서 제시된 정치 비판 또는 오히려 이데올로기 비판을 위한 방법은 『일반화된 마르크스주의의 경계들』에 실린 「헤겔-마르크스주의와 변증법」에서 이미 설명한 대로 헤겔의 『정신현상학』에서 제시되는 '주인과 노예의 변증법'이다.

난해하기로 악명 높은 헤겔 철학을 위한 최선의 입문은 철학사를 매개로 하는 것인데, 이런 목적을 위해 번역한 것이 켄틴 로어의 「헤겔의 『철학사 강의』」(1974)와 「헤겔의 체계와 『철학사 강의』」(1971)다. 그러나 서양 철학사에 대해 생소한 독자는 「서양 철학사 개관」을 먼저 읽어보는 것이 좋을 것인데, 여기서는 헤겔의 원천으로서 아리스토텔레스('지식인의 스승', 단테)에게 특히 주목한다.

이 책에서 제시되는 철학사와 헤겔에 대한 관점은 엥겔스의 「루트비히 포이어바흐와 독일 고전철학의 종말」로 소급되는 마르크스주의의 전통적인 철학적 관점, 즉 관념론과 유물론의 투쟁으로서 철학사라는 관점과 헤겔의 관념론적 체계와 변증법적 방법의 구별이라는 관점을 대체하려는 것이다. 우선 플라톤적 관념론 또는 실재론·실념론(實念論)에 대한 비판으로서 생기론-원자론-명목론-경험주의-실증주의가 아니라 아리스토텔레스적 현실주의가 복권된다. 나아가 모순('본질과 현상의 모순')의 상보성을 주장하는 헤겔적 변증법에 대한 비판으로서 다양한 '차이의 철학'이 아니라 모순('본질적 모순')의 적대성을 강조하는 마르크스적 변증법이 복원된다.

마지막으로, 포스트구조주의를 포함하는 넓은 의미의 '구조주의' 내부의 이단점에서 들뢰즈의 '차이(개별성)의 철학'과 데리다의 '종말론'을 지적하는 발리바르의 「'구조주의' 논쟁: 푸코, 들뢰즈, 데리다, 알튀세르」(2007)는 『일반화된 마르크스주의의 쟁점들』에 번역된 「보편의 상 아래에서」(2006)와 『일반화된 마르크스주의의 경계들』에 번역된 「목적론 대 종말론: 알튀세르와 데리다의 유예된 대화」(2006)를 보충하는 것이다.

2007. 10.
윤 소 영

차 례

아주 우연히(…)헤겔의 『대논리학』을 다시 훑어본 것이 [『자본』을 위한 연구 노트인 '1857-58년 원고'에서] 서술(Bearbeiten, 편집) 방법에 큰 도움이 되었다네. 그런 종류의 책들을 읽을 시간이 다시 온다면, [그의 법철학과 국가론에 대한 '1843년 원고'에서 이미 비판한 것처럼] 헤겔이 발견했지만 또한 신비화했던 [변증법적] 방법의 합리적 측면을 보통의 독자가 이해할 수 있도록 인쇄전지 2-3장[30-40쪽]으로 꼭 정리해보고 싶다네.

— 1858년 1월 16일에 마르크스가 엥겔스에게 보낸 편지

(…)최초로 철학사 전체를 파악한 [헤겔이] 세부 사항에서 오류를 범하지 않았으리라고 기대할 수는 없습니다.

— 1858년 2월 22일에 마르크스가 라살에게 보낸 편지

헤겔의 변증법은 절대적 의미에서 모든 철학의 결론이므로, 그가 그것에게 부여한 신비적 외양(Schein, 가상·환상)을 제거할 필요성이 또한 그만큼 더 큰 것입니다.

— 1858년 5월 31일에 마르크스가 라살에게 보낸 편지

[『자본』의 진정한 원고인 '1861-63년 원고'에서] 방법은(…)훨씬 더 숨겨져 있을 것일세.

— 1861년 12월 9일에 마르크스가 엥겔스에게 보낸 편지

이제 나의 작업[『자본』의 인쇄용 원고인 '1863-65년 원고']에 관해 자네에게 진실을 털어놓자면,(…)3개장[자본의 유통과정]만 더 쓰면 된다네.(…)그러나 나는 전체가 완성될 때까지는 어떤 부분을 출판사로 넘길 결심을 할 수가 없네. 나의 저작의 단점이 무엇이든지 간에, 그 장점은 그것이 하나의 예술적 전체라는 것일세.(…)이는 변증법적 구조(Gegliedert)를 갖지 않는 저작[독일어 사전]에 더 적합한 야콥 그림의 방법[독립적으로 편집하여 분책으로 출판하는 방법]으로는 불가능하다네.

— 1865년 7월 31일에 마르크스가 엥겔스에게 보낸 편지

경제학이라는 부담에서 해방되면[유통과정을 보충하여 『자본』을 완성하면], '변증법'이라는 글을 쓸 작정입니다.

— 1868년 5월 9일에 마르크스가 디츠겐에게 보낸 편지

헤겔-마르크스주의와 변증법 (II)

이 글은 헤겔의 『대논리학』과 마르크스의 『자본』을 비교함으로써 헤겔-마르크스주의와 변증법에 대한 이전의 논의를 한 단계 심화시키려고 한다.[1)]

헤겔의 『대논리학』

『대논리학』은 서문(『정신현상학』과의 관계)과 서론(칸트 비판)에 이어 다음과 같은 2권으로 구성된다.[2)]

---

1) 윤소영, 「헤겔-마르크스주의와 변증법」, 『일반화된 마르크스주의의 경계들』, 공감, 2007.

2) G. W. F. Hegel, *Hegel' Science of Logic* (1812-16), tr. by A. V. Miller, George Allen & Unwin, 1969; John Burbidge, *The Logic of Hegel's "Logic": An Introduction*, Broadview Press, 2006. 참고로, 『철학백과사전』의 1부인 『소논리학』은 『대논리학』과 순서와 서술에서 차이가 있지만 대동소이하다. G. W. F. Hegel, *The Encyclopaedia Logic* (1817), tr. by T. F. Geraets et al., Hackett, 1991; 아지사카 마코토 외, 『헤겔 논리학 입문』(1978), 한마당, 1983. 헤겔 철학의 개요는 오토 푀겔러 외, 『헤겔철학 서설』(1977), 새밭, 1980을 참조하고, 헤겔의 용어법은 Michael Inwood, *A Hegel Dictionary*, Blackwell, 1992를 참조하시오.

1권 대상논리학

1책 존재 (질·양·척도)

2책 본질 (본질·현상·현실)

2권 주체논리학 또는 개념 (주체·대상·관념)

헤겔에게서 논리학은 자연철학이나 정신철학 같은 '현실의 철학'과 달리 '사고의 철학'이다. 따라서 대상논리학의 대상은 현실의 대상(Gegenstand)이 아니라 사고의 대상(Objekt)으로서 객관을 의미한다. 또 주체논리학의 주체는 현실의 과정에 대해 사고의 과정 그 자체를 특징짓는 개념으로서 주관이라고 할 수 있다.

헤겔의 대상논리학과 주체논리학은 각각 칸트의 선험논리학과 그것을 보완하려는 피히테의 자아논리학을 비판한다.[3] 이를 위해 헤겔은 감각적·오성적 사고와 관련되는 존재, 부정적 이성으로서 변증법적 사고와 관련되는 본질, 긍정적 이성으로서 사변적 사고와 관련되는 개념이라는 3분과로 논리학을 구성한다.[4]

감각적 사고의 대상이 존재(Sein, 있음)다. 무(Nichts, 없음)는 존재를 부정한다. 따라서 존재와 무는 대립한다. 그러나 존재와 무는 무규정적이라는 점에서는 동일하다. 즉 존재와 무는 대립하는 동시에 동일하다는 의미에서 모순인 것이다.

존재와 무라는 두 계기를 종합함으로써 이런 모순을 해결하는 것

3) 칸트가 『순수이성 비판』에서 제시하는 선험논리학은 이성·진리의 논리학으로서 '분석법'과 가상·환상의 논리학으로서 '변증법'으로 구성되는데, 그의 변증법은 모순('이율배반')의 관점에서 사변의 가상·환상을 비판하는 것이다. 피히테의 자아논리학은 절대적 주체로서 자아('나')의 관점에서 선험논리학의 주관주의를 극단화한다.

4) 헤겔의 대상논리학은 아리스토텔레스의 형이상학(실체·본질론)과 자연학(인과론)을 대체하고, 주체논리학은 논리학(삼단논법)과 자연학(목적론)을 대체하는 것이기도 하다. 아리스토텔레스에 대해서는 Jonathan Barnes, *Aristotle: A Very Short Introduction*, Oxford University Press, 2000 (구판 국역: 서광사, 1989); J. Barnes, ed., *The Cambridge Companion to Aristotle*, Cambridge University Press, 1995를 참조하고, 헤겔과의 비교에 대해서는 Alfredo Ferrarin, *Hegel and Aristotle*, Cambridge University Press, 2001을 참조하시오.

이 생성(Werden)이다. 생성은 무에서 존재로의 이행(das Übergehen)이라는 의미에서는 발생이고, 존재에서 무로의 이행이라는 의미에서는 소멸이다. 즉 생성은 발생과 소멸의 상호이행으로서 순환이라고 할 수 있다.[5)]

발생하고 소멸하는 존재가 오성적 사고의 대상인 규정적 존재, 간단히 말해서 정재(定在, Dasein)다. 생성이 모순의 매개(Vermittlung)를 통해 존재와 무를 종합하는 반성(Reflexion)의 결과라고 한다면, 정재는 모순의 지양(Aufhebung)을 통해 존재와 무를 통일하는 사변(Spekulation)의 결과인 것이다.[6)]

규정이 없는 추상적 존재를 정재로 구체화하는 규정이 바로 질(Qualität)이다. 질을 갖는 존재로서 정재는 '어떤 것'이다. 즉 정재는 타자, '다른 것'과 구별된다. 정재가 타자로 생성되는 것이 변화(Veränderung)다. 따라서 질은 정재의 경계(Schranke, barrier)이고, 정재는 경계에 의해 제한되는 유한한 존재인 것이다.

질을 부정하는 것이 양(Quantität)이다. 양은 정재 자체 또는 정재와 타자를 '같은 것'으로 비교한다. 양적 변화에도 한계(Grenze, limit (of variation))가 있다.

질과 양이라는 두 계기를 통일함으로써 질을 양으로 표현하는 것이 척도(Maß)다.

양과 질이 변화해도 불변하는 것이 기체(Substrat) 또는 오히려 본질(Wesen)이다.[7)] 정재는 본질과 관련하여 외양(Schein, 가상·환상)이다. 본질은 정재와 달리 자기에 대한 반성, 간단히 말해서 자기반성이다. 자기반성의 규정은 우선 동일성인데, 외양은 다름 아닌 본질의 외양이기 때문이다. 또한 차이라는 규정도 필요한데, 본질은 외양과 구별되기 때문이다.[8)] 게다가 본질과 외양의 차이는 단순한

---

5) 헤겔의 존재와 무는 파르메니데스의 존재와 제논의 무에 대응하고, 생성은 헤라클레이토스의 유전(流轉)에 대응한다.

6) 광학적으로 말하자면, 반성은 반사·반영이고 사변은 거울(Spekulum)이다.

7) 예를 들어, 온도에 따라(양의 변화) 물이 수증기나 얼음이 되지만(질의 변화), H_2O라는 그 본질은 불변이다.

대립(견인하고 배척하는 양극성)이 아니라 모순(대립물의 통일로서 상보성)이다. 모순이 바로 변증법적 사고의 대상이고, 모순에 대한 설명이 바로 근거(Grund)다.[9] 근거짓는 것으로서 본질에 의한 근거지어지는 것으로서 외양의 출현이 실존(Existenz)인데,[10] 실존자(das Existierendes)는 고유성(Eigenschaft)을 갖는 사물이다.[11]

현상(Erscheinung)이란 다른 사물과의 관계 속에서 실존하는 사물을 가리킨다. 법칙(Gesetz)은 현상의 근거인데, 근거가 현상을 설정하고(setzen), 현상은 근거에 의해 설정되기(gesetzt) 때문이다. 달리 말하자면, 본질에 대한 현상의 전도로서 '전도된 현상적 세계'를 설명하는 것이 법칙이라는 것이다. 본질과 현상의 관계('본질적 관계')는 전체와 부분, 힘과 표현(Äußerung, 외부화), 내부와 외부(또는 상호관계)로 설명된다.

현실(Wirklichkeit, actuality)은 본질이 현상을 통해 실현된다는 의미에서 본질과 현상의 통일이다.[12] 본질의 가능성(또는 잠재성)이 현실의 현실성으로 변화하는 것이 필연성이다. 나아가 가능성과 현실성의 관계('절대적 관계')는 실체와 우유(偶有, Akzidens), 원인과 효과(Wirkung, effect/action), 상호작용(Wechselwirkung, reciprocity)으로 설명된다.[13]

주체논리학은 주체, 즉 개념-판단-추론에서 출발한다. 개념의 두 계기는 보편성(das Allgemeine)과 특수성(das Besondere)이다. 무

---

8) 추상적 동일성(즉 동어반복)으로서 '차이 없는 동일성'과 달리 '차이 있는 동일성'은 구체적 동일성이다.

9) 근거와 관련하여 헤겔은 아리스토텔레스의 형태를 '내부적 형태로서 내용'과 '외부적 형태로서 (현상)형태'로 구별한다. 따라서 본질과 외양은 내용과 (현상)형태이기도 하다.

10) 따라서 본질은 '실존의 근거(또는 조건)'이기도 하다.

11) 이 때문에 칸트의 '사물 자체'(Ding an sich, 즉자적 사물)와 달리 헤겔의 '사물 자체'(Sache selbst)는 사물의 (정신적·관념적) 본질이다. 참고로, 헤겔은 아리스토텔레스와 달리 존재, 실체·본질(*ousia*), 실존(자)을 구별한다.

12) 헤겔의 현실은 스피노자의 실체('신 즉 자연'), 라이프니츠의 모나드(개체로서 실체), 셸링의 절대자(주체와 대상의 동일성)에 대한 비판이기도 하다.

13) 헤겔이 칸트처럼 인과작용과 상호작용을 구별한다는 데 주목하자.

규정적 보편성에 규정이 추가되어 특수성이 출현하는 것이 '보편의 특수화'인데, 그것은 우선 종차(*differentia specifica*)를 개념화한다는 의미에서 종별화(specification)다. 규정이 없는 추상적 보편성으로서 류(Gattung, genus)가 일반적(generic) 보편성 또는 간단히 말해서 일반성이고, 규정이 있는 구체적 보편성으로서 종(Art, species)은 종별적(specific) 보편성 또는 간단히 말해서 보편성이다. 보편의 특수화는 또한 개별화(individualization/singularization)이기도 하다. 또 다른 규정의 추가에 의해 보편성은 소멸하고 특수성만 존재하는 개별성이 출현하기 때문이다.[14] 판단과 추론은 보편성-특수성-개별성이라는 개념의 계기들로 구성된다. 판단은 주어와 술어로 구성되는 명제이고, 추론은 삼단논법에 의한 명제의 증명이다.

대상으로서 현실 세계에 대한 개념화는 역학적 세계관-화학적 세계관-목적론적 세계관으로 구성된다. 목적론적 세계관은 유기체, 특히 인간의 합목적적 활동('이성의 간지(List)')으로서 노동을 대상으로 한다. 노동수단 및 노동대상과의 상호작용을 통해 주체의 목적을 실현하는 노동은 인간의 자유와 자연의 필연의 통일이다.

사변적 사고는 주체와 대상의 통일로서 관념(Idee), 즉 생명-인식-절대관념이다. 생명은 영혼과 육체의 통일이다. 인식은 이론이성(좁은 의미의 인식·진리)과 실천이성(의지·선)의 통일이다. 절대관념은 생명과 인식의 통일로서 방법(Methode)인데, 그 핵심은 변증법(모순을 발견하는 부정적 이성)이 아니라 사변(모순을 화해시키는 긍정적 이성)으로서 '부정의 부정'이다.[15]

---

14) 헤겔의 'das Einzelne'는 지시대상으로서 개체와 동시에 개념의 또 다른 계기로서 개별성을 의미한다. 따라서 보편적 개체의 구성으로서 종별화와 특수한 개체의 구성으로서 개별화의 통일인 개체화(individuation)는 '초개체성(transindividuality)의 존재론'이라고 할 수 있다.

15) 주체와 대상의 매개적 동일성으로서 통일성이 아니라 무매개적 동일성을 부당전제하는 셸링의 절대자에 대해 『정신현상학』 서문에서 헤겔은 (속담처럼) '모든 암소가 까만 밤'이라고 비판한다. 반면 헤겔의 정신 또는 관념은 (아리스토텔레스적인 의미에서) '본질적으로(또는 진리적으로) 주체인 실체', 즉 '주체(또는 자기)로 생성하는 실체'다.

마르크스의 『자본』: 경제학 비판

『자본』은 1권의 초판 서문(추상화의 방법)과 재판 후기(관념변증법과 유물변증법의 관계)에 이어 다음과 같은 3권으로 구성된다(2권과 3권은 엥겔스가 편집하여 출판한 것이다).[16]

1권 자본의 생산과정(상품·화폐·자본·잉여가치의 생산방법·자본의 재생산과 축적)
2권 자본의 유통과정(자본의 순환·자본의 회전·사회적 자본 전체의 재생산표식)
3권 자본주의적 생산과정 전체(산업자본의 일반이윤율·상업자본과 상업이윤·금융자본과 이자·토지소유와 지대)[17]

'1861-63년 원고'를 집필하면서 엥겔스에게 보낸 편지에서 마르크스는 『자본』의 변증법적 방법이 '숨겨져 있다'고 말한다. 그러나 그의 방법을 재구성하는 것이 전혀 불가능한 일은 아니다.[18]

1867년의 『자본』 1권의 「초판 서문」에서 그는 현실 대상과 사고 대상 사이의 관계를 추상화로 특징짓는다.[19] 그러나 추상화의 수준은 다양하므로, '1857-58년 원고'의 「서론」에서 지적되듯이 추상(단

16) 『자본』의 개요와 마르크스의 연구 연보에 대해서는 윤소영, 『마르크스의 '경제학 비판'』(개정판), 공감, 2005를 참조하시오.
17) 엥겔스가 붙인 '자본주의적 생산과정 전체' 또는 '자본주의적 생산의 총과정'이라는 제목과 1권 1판 서문에서 마르크스가 제시한 '총과정의 형상(Gestaltung)'이라는 제목은 대동소이하다. 3권의 대상이 2권의 대상인 유통과정(특히 3편의 실현과정)에 의해 매개되는 생산과정 전체(생산과정과 분배과정의 결합)라면, 1권의 대상은 무매개적 또는 직접적 생산과정(생산과정 그 자체)이다.
18) 앞의 제사(題詞)를 참조하시오.
19) 마르크스는 1843년의 원고 『헤겔 국가론 비판』에서 현실 대상과 사고 대상을 구별하고, 1845년의 「포이어바흐에 대한 테제」에서 각각 'Gegenstand'와 'Objekt'라고 부른다.

순한 규정)에서 구체(복잡한 규정)로 상승해야 한다. 이것이 1873년의 「재판 후기」에서 '연구(Forschung)의 방법'으로서 '분석적 방법'과 구별되는 '서술(Darstellung)의 방법'으로서 '변증법적 방법'이다. 연구 방법이 사고 대상으로서 개념을 발견한다면, 서술 방법은 개념을 전개함으로써 이론을 증명한다.

그러나 1859년의 『경제학 비판을 위하여: 1분책』의 원고를 인용하면서 알튀세르가 강조하는 것처럼 변증법적 방법은 한계를 갖는 것이고,[20] 이 때문에 역사주의와 논리주의 사이에서 논쟁이 발생한다는 데 주목해야 한다.[21]

『자본』의 변증법적 방법은 우선 존재의 변증법과 본질의 변증법이다. 『자본』 1권의 상품과 화폐의 서술은 존재와 본질의 변증법을 따르고, 『자본』의 나머지는 본질의 변증법에 따라 서술된다. 또 『자본』 전체에 개념의 변증법, 특히 보편성-특수성-개별성의 변증법이 적용된다.

『자본』 1권의 서술은 자본주의적 부의 요소 형태 또는 세포 형태인 상품에서 출발한다. 상품은 질적 규정으로서 '사용가치'(유용

---

20) 윤소영, 「헤겔-마르크스주의와 변증법」, 위의 글 참조.

21) '1857-58년 원고'와 『자본』의 관계에 대한 해석에서 비롯되는 역사주의와 논리주의 사이의 논쟁에 대해서는 자크 비데, 『"자본"의 경제학·철학·이데올로기』(1985), 새날, 1995; A. 체푸렌코, 『현대 "자본론" 논쟁』(1988), 참한, 1990을 참조할 수 있다. 체푸렌코는 짜골로프 학파와 친화성을 갖는 입장에서 박하우스와 필러의 논리주의를 비판하고, 비데는 알튀세르적 입장에서 논리주의에 대한 비판을 로스돌스키로 소급한다. 그러나 논리주의에 대한 비판이 역사주의로의 복귀를 의미하는 것은 아닌데, 예를 들어 그로스만과 루빈, 알튀세르와 바스카 등이 주장하는 과학적 현실주의의 입장에서도 논리주의를 비판할 수 있기 때문이다. T. Burns, "Marx and Scientific Method: A Non-Metaphysical View", in Tony Burns and Ian Fraser, eds., *The Hegel-Marx Connection*, Macmillan, 2000. 참고로, 과학적 현실주의의 역사에서 로크적 계기를 아리스토텔레스의 실체·본질주의 또는 보편주의로 소급하려는 시도로는 Scott Meikle, *Essentialism in the Thought of Karl Marx*, Open Court, 1985; Jonathan Pike, *From Aristotle to Marx: Aristotelianism in Marxist Social Ontology*, Ashgate, 1999가 있다.

성)와 양적 규정으로서 '가치'(교환가능성)라는 이중성을 갖는다.[22]

그러나 상품은 시장에서 교환되는 노동생산물이므로 상품의 이중성은 그것을 생산하는 노동의 이중성을 의미한다.[23] 사용가치를 생산하는 노동이 '유일한 현실적 노동'으로서 '구체적 노동'이고, 가치를 생산하는 노동이 '노동 그 자체'로서 '추상적 노동'이다. 구체노동이 추상화되어 추상노동이 형성되는 메커니즘이 단순상품생산의 교환관계('가치관계')다.

이제 가치의 형태를 그 실체와 구별할 수 있다. 가치실체가 노동가치(또는 간단히 말해서 가치)라면, 가치형태는 화폐가격(가격)이다. 가치실체가 추상노동이라는 본질의 '내부적 형태로서 내용'이라면, 가치형태는 그 외양의 '외부적 형태로서 (현상)형태'다.

가치형태('가치표현')는 사용가치·구체노동과 가치·추상노동의 모순에 의해 단순한 가치형태, 확대된 가치형태, 일반적 가치형태, 화폐형태로 전개된다. 화폐형태는 사적 노동이 사회화되어 사회적 노동이 형성되는 메커니즘으로서 단순상품생산의 사회적 분업을 완성한다.

노동의 추상화와 사회화에 대한 이런 서술이 최초의 '경제학 비판'이다. 참고로, 구체적·사적 노동이 개별적 노동이라면, 추상적 노동은 류적·일반적 노동이고, 사회적 노동은 종적·보편적 노동이라고 할 수도 있다.

화폐의 본질이 일반적 또는 오히려 보편적 등가물임을 증명하는 화폐형태는 화폐에 대한 논리적 서술이다. 반면 화폐의 기능에 대한 서술은 역사적일 수밖에 없다.

화폐의 기능은 가치척도와 가격표준의 비교에서 출발한다. 가치척도라는 기능은 보편적 등가물이라는 화폐의 본질에서 논리적으로 도출될 수 있다. 반면 가격표준이라는 기능은 고유한 명칭과 시

---

22) 따라서 상품은 존재에서 도출되는 것이 아니라 자본에 의해 (논리적-역사적) 전제 없이 긍정된다는 의미에서 조정(措定, posit)되는 정재다.

23) 아리스토텔레스 식으로 말하자면, 노동생산물이라는 물질(질료)의 형태(형상)가 상품이다.

세를 갖는 본위화폐로서 민족화폐의 역사적 출현을 의미한다. 화폐의 기능은 유통수단과 (신용화폐에 대한) 지불수단을 거쳐 (민족화폐에 대한) 세계화폐로 완성된다. 민족화폐로서 본위화폐는 금화('상품화폐')일 수도 있고 불환지폐('국가화폐')일 수도 있다. 그러나 '세계국가'가 실존하지 않는 한, 세계화폐는 금화이거나 금으로 태환되는 지폐일 수밖에 없다.

화폐의 사용가치는 보편적 등가물이고, 그 가치는 '(추상)노동의 화폐적 표현'(화폐가격과 노동가치의 비율)의 역수다. 이런 의미에서 화폐는 상품 일반과 구별되는 특수한 상품인 것이다.

이제부터 '경제학 비판'이 본격적으로 전개된다. 자본주의적 생산과정에 대한 서술은 화폐의 자본으로의 변형에서 출발하는데, 이는 화폐가 단지 화폐로 기능하는 것이 아니라 자본('증식하는 가치')으로 기능하는 것을 의미한다.

화폐가 자본으로 기능하기 위해서는 노동력이라는 또 다른 특수한 상품이 필요하다. 노동력의 사용가치는 노동할 수 있는 인간의 육체적·정신적 능력(에너지), 즉 가치를 형성·증식하는 능력이다. 노동력의 가치 또는 그 화폐형태인 임금은 자본가와 노동자 사이의 교환관계를 특징짓는 '역사적·도덕적 요소'(특히 방어적 계급투쟁)에 따라 결정된다.

이런 의미에서 노동력의 상품화가 자본-임노동관계, 단적으로 임노동관계로서 자본주의적 생산관계의 핵심이다. 단순상품생산에서 사상되는 자본주의의 본질 규정은 상보성이 아니라 적대성으로 특징지어지는 자본과 임노동 사이의 모순이라는 데 주목해야 한다.

자본주의적 생산과정은 이중성을 갖는다. 우선 사용가치를 생산하는 구체적 노동과정, 간단히 말해서 노동과정이 있다. 또 가치와 잉여가치를 생산하는 추상화된 노동과정, 즉 가치증식과정이 있다. 노동력가치의 화폐형태를 임금이라고 부르듯이, 잉여가치의 화폐형태를 이윤이라고 부른다.

잉여가치의 생산방법(나아가 그것을 둘러싼 계급투쟁)에 대한 서술은 이중적이다. 우선 가치증식과정에 대한 논리적 서술('자본의 추상화')이 있다. 절대적 잉여가치의 생산방법은 자본주의적 생산관계를 토대로 노동시간을 연장하거나 노동자수를 증가시키는 방법이다. 상대적 잉여가치의 생산방법은 자본주의적 생산력을 토대로 노동력가치를 감소시키는 방법이다.

여기서 상대적 잉여가치의 생산이라는 자본의 '내부적 법칙'이 자본의 '외부적 (강제)법칙'으로서 경쟁에 의해 실현된다는 데 주목해야 한다. 초과잉여가치를 획득하기 위한 부문내 경쟁이 노동절약적이고 자본소비적인 '편향적' 기술진보를 추동하고, 그런 기술진보가 부문 전체로 확산되면서 상대적 잉여가치가 생산되기 때문이다.

동시에 잉여가치의 생산방법에 대한 또 다른 서술, 즉 노동과정에 대한 역사적 서술('노동의 구체성')이 있다. 도구를 사용하는 매뉴팩처에서는 절대적 잉여가치의 생산이 상대적 잉여가치의 생산에 대해 우위를 갖는다는 의미에서 자본에 의한 노동의 포섭이 형식적이다. 그러나 상대적 잉여가치의 생산이 절대적 잉여가치의 생산에 대해 우위를 갖는 기계제 대공업에서는 자본주의적 생산관계에 적합한 자본주의적 생산력의 출현('산업혁명')을 통해 자본에 의한 노동의 실질적 포섭이 실현된다.

시장에서의 사회적 분업과 구별되는 공장에서의 기술적 분업을 통해 집단노동자가 형성된다(동시에 그 내부에서 육체노동자와 지식노동자가 분할된다)는 사실에도 주목해야 한다. 시장을 통해 사회적 노동으로 변형되는 사적 노동은 개별노동자의 노동이 아니라 자본에 의해 실질적으로 포섭되는 집단노동자의 노동인 것이다.

그러나 기계제 대공업에서 절대적 잉여가치의 생산이 소멸하는 것은 결코 아니다. 상대적 잉여가치의 생산이 '다른 수단'에 의한 절대적 잉여가치의 생산이기 때문인데, 여기서 '다른 수단'이란 시간급이나 성과급 같은 임금지불방법을 의미한다. 시간급은 초과노동 등을 통해 노동시간을 '외연적으로' 연장하고, 성과급은 생산성임금이나 보너스임금(연봉제) 등을 통해 노동강도를 상승시킴으로써 노동시간을 '내포적으로' 연장한다. 지불되는 임금이 노동력가치로부터 괴리되고 지체되는 경향과 저임금·장시간·고강도노동의 악순환은 기계제 대공업에 고유한 것이다.[24]

잉여가치의 생산을 통해 자본이 재생산된다. 잉여가치가 모두 소비된다면, 자본은 단순재생산된다. 단순재생산에 의해 '단순상품생산의 소유법칙(자기노동에 기초한 소유)의 자본주의적 생산의 영유법칙(타인노동에 기초한 소유의 재생산)으로의 반전'이 증명된다.

잉여가치의 일부가 재투자되어 자본으로 변형되는 것을 자본의 확대재생산 또는 축적이라고 부른다. 자본주의적 축적의 일반적 법칙은 단순한 자본 규모의 확대('외연적 축적')가 아니라 기술진보('내포적 축적')를 의미한다. 자본주의적 생산관계 아래 자본주의적 생산력의 모순적 발전, 요컨대 노동을 절약하고 자본을 소비하는 '편향적' 기술진보는 자본의 유기적 구성의 상승 또는 간단히 말해서 자본생산성의 하락으로 표현되고, 나아가 평균이윤율의 하락과 자본축적의 한계(Grenze, '로지스틱 성장')로 표현된다.[25]

자본주의적 축적의 일반적 법칙에 대한 논리적 서술을 역사적으로 특수화할 수 있다. 법칙은 경향으로서만 작용하고 법칙의 작용은 반작용요인에 의해 수정되기 때문이다. 역사적으로 특수한 반작용요인으로서 19세기적인 개인자본이나 20세기적인 법인자본은 '역사적 동역학과 역사적 자본주의론'의 대상이 된다.[26]

자본주의적 축적의 일반적 법칙의 두 가지 결과가 '자본의 과잉'과 '인구의 과잉'이다. 자본의 과잉은 축적의 방법이 집적(이윤의 재투자)에서 집중(자본의 소유권 이전)으로 변화하는 것을 의미하는데, 금융화(인수·합병)가 가장 대표적인 사례다. 인구의 과잉은 자본에 의한 노동의 포섭이 아니라 배제를 의미하는데, 대량실업으로 인한 노동자의 분할이 가장 대표적인 사례다.[27]

---

24) 이것이 궁핍화의 첫 번째 의미다.

25) 반면 자본주의적 생산의 경계(Schranke)는 자본 그 자체다.

26) 자세한 설명은 윤소영, 『일반화된 마르크스주의 개론』, 공감, 2006을 참조하시오.

자본주의적 축적의 역사적 경향으로서 공산주의적 이행('현재의 상태를 지양하는 현실의 운동')에 대한 전망은 이런 두 가지 결과('착취와 억압의 증대')에 대한 (공세적) 계급투쟁에서 비롯된다. 물론 공산주의적 이행의 전망에 적대하는 자본주의적 이행의 전망에 대해서도 간과해서는 안 된다.[28)]

『자본』 1권이 자본주의적 생산이라는 본질에 대한 서술이라면, 2권은 유통이라는 현상에 대한 서술이고, 3권은 생산과 결합하는 분배라는 현실에 대한 서술이다. 특히 2권 3편에서 서술되는 사회적 자본 전체의 재생산표식은 유통과 분배를 매개하는 실현을 대상으로 한다.

우선 산업자본 내부의 부문간 경쟁을 통해 자본생산성의 차이에도 불구하고 이윤율이 균등화된다. 즉 평균이윤율과 동일한 일반이윤율이 형성되는 것이다. 가치(또는 좀 더 정확하게 말해서 그 화폐형태로서 단순가격)와 생산가격의 모순은 잉여가치의 생산과 분배의 모순을 반영한다. 즉 단순상품생산의 교환법칙(등가교환)이 자본주의적 생산의 교환법칙(부등가교환)으로 반전되는 것이다.

나아가 산업자본과 상업자본·금융자본·토지소유 사이의 부문간 경쟁을 통한 상업이윤·이자·지대의 형성이 서술된다.

마지막으로 『자본』에서 전개되는 개념의 변증법, 특히 '보편의 특수화'에 대해 알아보자. 먼저 『자본』의 대상이 생산 일반(류적 보편성 또는 오히려 일반성)이 아니라 역사적으로 특수한 자본주의적 생산양식(종적 보편성 또는 오히려 보편성), 나아가 자본 일반(일반성)이 아니라 산업자본(보편성)이라는 데 주목해야 한다.[29)]

산업자본은 두 가지 차원에서 경쟁을 통해 더욱 특수화된다. 이

---

27) 이것이 궁핍화의 두 번째 의미('빈곤·무지·야만·타락의 축적')다.

28) 이것이 바로 마르크스가 말하는 이행의 '긍정적 통과점'(평의회)과 '부정적 통과점'(법인자본 또는 국가자본) 사이의 적대와 투쟁이다. 자세한 설명은 윤소영, 『역사적 마르크스주의: 이념과 운동』, 공감, 2004를 참조하시오.

29) 따라서 아리스토텔레스나 헤겔과 마찬가지로 마르크스에게서 보편성은 류가 아니라 종, 게다가 지배적인 종의 보편성이다.

미 지적한 대로 부문내 경쟁과 부문간 경쟁이 있다. 그러나 자본주의 일반(일반성)의 추상적 수준을 헤게모니적 축적체계(보편성)로 구체화하려면 또 다른 역사적으로 특수한 경쟁을 고려해야 한다. 이것이 바로 개인자본 단계의 자유 경쟁과 법인자본 단계의 독점적 경쟁, 나아가 각각의 단계에서 국제무역 및 국제금융을 통해 실현되는 민족간 경쟁과 초민족적 경쟁인 것이다.30)

경제학 비판의 아포리아: 이데올로기 비판

경제학 비판의 아포리아로서 이데올로기 비판에 주목하는 발리바르는 마르크스에게서 하나의 '절단'과 두 개의 '단절'을 설정한다. 「포이어바흐 테제」와 『독일 이데올로기』는 절단의 저작이고, 『공산주의자 선언』과 『루이 보나파르트의 브뤼메르 18일』은 『자본』으로 이행하는 첫 번째 단절의 저작, 『프랑스의 내전』과 「자술리치에게 보낸 편지」는 『자본』에 대한 자기비판을 의미하는 두 번째 단절의 저작이라는 것이다.31)

30) 개별자본주의에 대한 분석은 경제법칙의 작용에 대한 역사적으로 특수한 제도적 반작용에 주목해야 한다. 예를 들어 남한경제의 특수성으로서 1986-88년 '3저호황' 이후 이윤율의 하락과 재벌체제에 고유한 과잉축적에 대해서는 윤소영, 『이윤율의 경제학과 신자유주의 비판』, 공감, 2001을 참조하시오. 또 1997-98년 경제위기·외환위기 이후의 상황에 대해서는 윤소영, 「한·미자유무역협정 비판」, 『일반화된 마르크스주의의 쟁점들』, 공감, 2007을 참조하시오.

31) 에티엔 발리바르, 『마르크스의 철학』(1993), 윤소영 옮김, 『마르크스의 철학, 마르크스의 정치』, 문화과학사, 1995; 윤소영, 「발리바르의 『마르크스의 철학』에 관하여」, 『알튀세르를 위한 강의: '마르크스주의의 일반화'를 위하여』, 공감, 1996. 발리바르는 마르크스가 철학에 대해 제기하는 다원적인 질문은 철학적인 동시에 비철학적이라고 주장한다. 여기서 비철학적이라는 표현은 철학에 미달하는 동시에 철학을 초과한다는 의미인데, 이는 과학과 정치(계급투쟁)에 대한 철학의 이중적 관계에서 기인한다. 발리바르의 설명을 보완하는 마르크스의 철학에 대한 입문적 설명은 Wal Suchting, *Marx: An Introduction*, Wheatsheaf Books, 1983을 참조하시오.

청년 마르크스는 청년 헤겔파의 기독교 비판을 공유한다. 청년 헤겔파는 헤겔의 사변의 원천에 루터교파의 경건주의적 종교관이 있다고 비판한다. 특히 슈트라우스는 '역사적 예수 논쟁'(1835)을 개시하고 포이어바흐는 '종교적 소외 논쟁'(1841)을 개시한다.[32)]

마르크스는 1843년의 원고 『헤겔 국가론 비판』에서 루게의 영향 아래 『대논리학』과 평행적인 『법철학』의 사변을 비판한다. 그는 포이어바흐적인 '소외의 인간학'을 종교 비판에서 정치(국가) 비판으로 확대한다. 마르크스는 1844년의 『경제학-철학 원고』에서 엥겔스와 헤스의 영향 아래 포이어바흐적인 관점에서 경제학 비판을 개시한다. 그는 『정신현상학』의 '주인과 노예의 변증법'에 주목한다.[33)]

그러나 마르크스는 1845년의 「포이어바흐 테제」와 1845-46년의 원고 『독일 이데올로기』에서 헤겔과 포이어바흐라는 '이전의 철학적 의식'을 청산한다. 「포이어바흐 테제」는 '실천의 유물론'을 주창하고, 『독일 이데올로기』는 '역사의 유물론'을 제창한다.[34)]

---

32) 1841년의 박사논문 『데모크리토스와 에피쿠로스의 자연철학의 차이』에서 마르크스는 바우어의 영향 아래 무신론의 관점에서 헤겔의 사변에 대해 비판한다.

33) 참고로, 1947년에 하이데거가 뵈프레에게 보낸 「인간주의에 대한 편지」의 영향 아래 이폴리트는 『정신현상학』에 대한 인간학적·역사철학적 해석을 포기하고 대신 『정신현상학』과 『논리학』의 평행성('의미의 논리학')에 주목하면서 모순론을 강조한다. Jean Hyppolite, *Logic and Existence* (1953), SUNY Press, 1997; "On the *Logic* of Hegel" (1952), in *Studies on Marx and Hegel* (1955), Basic Books, 1969. 이폴리트의 자기비판은 포스트구조주의의 출현을 조장하는데, 들뢰즈는 헤겔적인 모순('부정의 노동')이 인간주의·역사주의를 정당화한다고 주장하면서 니체적인 '차이 그 자체'('긍정의 유희')를 강조한다. 반면 동일성과 차이의 아포리아를 주장하는 데리다는 하이데거적인 차연(différance, 차이/지연)을 강조한다. Leonard Lawlor, "Translator's Preface", in *Logic and Existence*; Robert Sinnerbrink, *Understanding Hegelianism*, Acumen, 2007.

34) 알다시피 바로 이것이 루카치 식의 소외론을 비판하면서 알튀세르가 강조하는 마르크스의 '인식론적(또한 동시에 정치적) 절단'이다. 체코의 철학자 첼레니도 알튀세르와 동일한 입장이다. 다만 그는 논리의 우위의 관점에서 역사를 단순한 '예증'(illustration)으로 해석한다. Jindrich Zeleny, *The Logic of Marx* (1962/68), Basil Blackwell, 1980 (국역: 까치, 1989).

포이어바흐에 대한 테제 1은 현실 대상(Gegenstand)을 사고 대상(Objekt)과 구별하면서 현실 대상은 주체의 활동(Tätigkeit), 특히 현실을 변화시키는 혁명적 활동으로서 실천(Praxis)이라고 주장한다. 이어서 테제 2는 사고의 현실성과 진리성의 기준도 실천이라고 주장하고, 테제 3은 실천이 현실 대상('환경')의 변화인 동시에 주체('자기')의 변화라고 주장한다.

테제 6은 인간적 본질이 추상적 개인의 유적 보편성이 아니라 그 현실성 속에서 사회적 관계 전체라고 주장한다. 이는 인간의 현실적 본질이 사회적 인간성임을 의미한다. 이어서 테제 8은 사회적 생활의 본질이 실천이라고 주장한다. 실천을 현실화하는 것이 바로 사회적 관계라는 것이다.

발리바르는 「포이어바흐 테제」가 원자론적 개인주의과 유기체론적 공동체주의의 모순을 지양하는 '초개인성(transindividuality)의 존재론'을 제시한다고 해석한다. 사회적 관계는 공동체 또는 사회를 매개로 개인을 구성하는 관계이자 본질적으로 개인과 사회의 상호작용으로서 실천이기 때문이다. 이런 의미에서 초개인성의 존재론은 개인의 보편성과 특수성이 형성되는 개인화(individuation)의 과정을 설명하는 것이기도 하다.

그런데 엥겔스와 함께 집필한 『독일 이데올로기』에서 마르크스는 슈티르너와의 논쟁을 매개로 실천에 대한 강조에서 생산 또는 경제에 대한 강조로 이행한다.[35] 동시에 철학 그 자체를 비판하기 위해서 이데올로기에 대한 질문을 제기한다. 즉 혁명적 활동으로서 실천의 유물론에서 경제학 비판과 이데올로기 비판을 두 축으로 하는 역사과학을 위한 역사의 유물론으로 이행하는 것이다.

분업 또는 소유·교통(말하자면 생산력이 발전하는 형태로서 생산관계)으로 특징지어지는 경제가 현실의 세계라면, 존재로부터 소외된 의식으로서 이데올로기는 전도된 환상의 세계다. 따라서 이데

35) 발리바르에 따르면, 유일자의 소유(고유성·개별성)를 강조하는 명목론자 겸 아나키스트 슈티르너가 바로 니체와 포스트구조주의자의 선조다.

올로기로서 철학에 대한 비판은 슈티르너처럼 철학 그 자체가 아니라 오히려 철학이 전제하는 경제학에 대한 비판으로 실현된다.

마르크스에게 이데올로기는 관념의 현실성과 프롤레타리아의 배제라는 두 개의 질문이 해후하는 논점인데, 발리바르는 이를 가상적 보편으로서 이데올로기적 지배와 현실적 보편으로서 프롤레타리아의 적대로 해석한다. '특수한 계급'인 부르주아지와 달리 소유도 환상도 없는 대중으로서 프롤레타리아는 '보편적 계급'이다.

그러나 1848년 혁명을 계기로 보편적 계급으로서 프롤레타리아 개념과 동시에 이데올로기 개념도 소실된다. 대신 1848년의 『공산주의자 선언』에서는 영구혁명으로서 프롤레타리아 정치전략이 강조된다. 또 1852년의 『루이 보나파르트의 브뤼메르 18일』에서는 '즉자적 계급'과 '대자적 계급'이라는 구별이 활용된다.

게다가 마르크스는 경제학이 과학도 아니지만 이데올로기도 아니라는 사실을 인식하게 된다. 『자본』에서 전개되는 경제학 비판에 따라 이데올로기 비판이 물신숭배 비판으로 대체되는 것이다. 상품의 생산자·교환자인 동시에 소유자가 출현하는 물신숭배론은 상품론(1권 1장)의 결론이자 교환과정론(2장)의 전제가 된다.[36]

물신숭배의 세계는 우선 현실적('감각적')이고 가상적('초감각적')인 사물로서 상품의 세계다. 또한 동시에 상품 세계의 일부로서 상품의 담지자(Träger)가 구성되기도 한다. 그런 담지자는 생산자·교환자라는 경제적 주체인 동시에 법적 주체('인격')인데, 특히 소유권이라는 상징의 관점에서 등가로 가상되는 주체, 요컨대 '상징의 가상작용'에 의해 구성되는 주체다.[37]

---

36) 상품론은 보편적 등가물로서 화폐형태에 대한 논리적 설명이고 교환과정론은 그런 화폐형태의 출현에 대한 역사적 설명이다.

37) 루카치의 '사물화' 개념은 '물신숭배의 일반화'(데리다)를 통해 주체의 대상화를 강조한다. 그는 '허위의식'에서 '계급의식'으로 고양됨으로써 대상으로서 프롤레타리아가 주체('역사의 주체')로 반전된다고 주장한다. 그러나 발리바르가 비판하듯이, 가치론의 맥락을 사상하는 이런 관점은 『자본』보다 오히려 '1844년 원고'와 더 친화성을 갖는다.

그러나 경제학 비판의 핵심은 물신숭배 비판에 있는 것이 아니다. 경제학 비판은 경제적 현실의 본질을 구성하는 생산관계의 계급적대, 좀 더 구체적으로 말하자면 자본에 의한 노동의 포섭을 둘러싼 계급투쟁, 나아가 자본주의적 이행과 공산주의적 이행이라는 역사성을 둘러싼 계급투쟁을 설명하는 것이기 때문이다.[38]

이것이 다름 아닌 『자본』의 역사변증법이다. 역사변증법은 우선 역사인과성인데, 계급적대와 계급투쟁이 효과가 아니라 원인이기 때문이다. 계급적대에 의해 구조화되는 생산관계가 결정하는 생산관계와 생산력 사이의 모순, 또는 오히려 그것의 역사적으로 특수한 형태인 자본에 의한 노동의 포섭의 모순은 생산관계의 계급적대를 변혁하는 계급투쟁에 의해 해결될 수밖에 없다.[39]

역사인과성을 부연하는 것이 자본주의적 이행과 공산주의적 이행이라는 적대적 역사성이다. 자본에 의해 실질적으로 포섭되는 집단노동자의 자본에 대한 투쟁, 즉 자본주의적 노동의 사회화를 반전시키는 노동자연합에 의한 적대적 생산관계의 변혁이 그것이다.

그러나 1871년의 파리 코뮌을 경험한 이후 마르크스는 『자본』의 경제학 비판과 역사변증법에 대한 자기비판을 개시한다. 특히 『프랑스의 내전』에서 프롤레타리아 독재 개념이 정정되는데, 그것은 더 이상 프롤레타리아 정치전략으로서 영구혁명이 아니라 국가의 소멸로서 공산주의적 이행이다. 게다가 그런 이행은 '정치적 이행'이므로 혁명적 활동으로서 실천이 복귀하지 않을 수 없다.[40]

---

38) 발리바르, 「'정치경제학 비판': '비판의 비판'을 위하여」(1982), 윤소영 옮김, 『알튀세르와 마르크스주의의 전화』, 이론, 1993.

39) 이것은 1859년 「서문」의 목적론, 즉 계급투쟁이 아니라 생산력의 발전이 생산관계와 생산력 사이의 모순, 나아가 생산관계의 계급적대를 해결한다는 생산력주의적·진화주의적 경제주의에 대한 (자기)비판이다.

40) 1881년의 「자술리치에게 보낸 편지」에서 전개되는 마르크스의 또 다른 자기비판은 자본주의적 생산양식과 비자본주의적 생산양식(좀 더 정확하게 말하자면 생산형태로서 '우클라드')의 결합으로 인해 이행의 통과점이 다양할 수 있고, 심지어 '비자본주의적 발전의 길'도 가능하다는 것이다. 러시아와 중국에서 전개된 개별자본주의의 특수성을 둘러싼 '사회성격 논쟁'의 원천은 바로 여기에 있다.

발리바르가 강조하는 것처럼, 이데올로기 개념의 부정적 의미를 긍정적 의미('세계관')로 반전시켜 프롤레타리아 이데올로기 개념을 도입한 것은 엥겔스다. 그는 1886년의 「루트비히 포이어바흐와 독일 고전철학의 종말」에서 최종심으로서 경제에 대한 이데올로기적 심급의 상대적 자율성이라는 테제와 이데올로기적 권력으로서 국가라는 테제를 제시한다.41)

나아가 엥겔스는 카우츠키와 함께 집필한 1886년의 「법률가적 사회주의」에서 프롤레타리아 이데올로기는 중세의 종교적 이데올로기나 현대의 법적 이데올로기처럼 종교나 법이 정치를 매개하는 것이 아니라 오히려 고대적 이데올로기처럼 무매개적으로 정치적이라고 주장한다. 또한 그는 1894-95년의 「원시기독교의 역사에 대하여」에서 사회주의의 역사와 기독교의 역사를 비교하면서 이데올로기의 원천은 대중의 관념이라는 테제를 제시한다.42)

발리바르는 엥겔스의 이런 시도를 '경제주의의 진실'이라고 부른다. 즉 경제 또는 오히려 그 경향과 반경향 사이의 투쟁이 그 반대물인 이데올로기적 투쟁에 의해 실현되기 때문이다. 이데올로기의 원인이 경제라고 주장하는 『독일 이데올로기』와 정반대로 경제의 원인은 이데올로기라고 주장할 수도 있다는 것이다.43)

---

41) 알다시피 바로 이것이 『"자본"을 읽자』에서 「이데올로기와 이데올로기적 국가장치들」까지 알튀세르가 전개하는 이데올로기 일반에 대한 이론의 원천이다. 윤소영, 「알튀세르를 어떻게 읽을 것인가? (재론)」, 『일반화된 마르크스주의의 쟁점들』, 위의 책.

42) 알다시피 바로 이것이 현대정치의 이데올로기적 형태로서 '인권의 정치'라는 발리바르의 역사특수적 이데올로기론의 원천이다. 인권의 정치의 경계에서 성적 차이와 지적 차이에 의해 구성되는 탈현대적 초개인성이 발견된다는 사실에도 주목하자. 발리바르, 「'인간의 권리'와 '시민의 권리': 평등과 자유의 현대적 변증법」(1989), 윤소영 옮김, 『'인권의 정치'와 성적 차이』, 공감, 2002. 인권의 정치를 위한 철학으로서 '주인과 노예의 변증법'에 대해서는 「헤겔-마르크스주의와 변증법」, 위의 글을 참조하시오.

43) 발리바르 자신은 정치(계급투쟁)의 두 개의 원인('과잉결정')으로서 경제와 이데올로기라는 새로운 역사변증법에 의해 이런 순환에서 탈출을 시도한다. 발리바르, 「'이행'의 아포리들과 맑스의 모순들」(1990), 윤소영 엮음, 『맑스주의의 역사』, 민맥, 1991.

*　　　*　　　*

펜로즈는 물리학을 일급의(superb) 이론과 유용한(useful) 이론, 나아가 실험·관찰에 의해 검증되지 않은 시론적(tentative) 그리고/또는 오도된(misguided) 이론으로 분류한다. 그는 유용한 이론에서 오도된 이론으로 탈락한 사례로서 프톨레마이오스의 우주론(천동설)을 들고, 반면 유용한 이론에서 일급의 이론으로 승격한 사례로서 코페르니쿠스와 케플러의 우주론(지동설)을 들고 있다.[44]

마르크스주의의 위기는 유용한 이론으로서 마르크스주의가 현실의 검증에 실패하여 오도된 이론으로 전락할 수도 있지만, 그러나 경제학 비판으로서 역사과학과 이데올로기 비판으로서 인권의 정치의 결합을 통해 마르크스주의를 '일반화'함으로써 마르크스주의가 또다시 유용한 이론으로 변화할 수 있는 기회도 될 것이다.[45]

2007. 8.

44) 일급의 이론은 유클리드의 기하학, 아르키메데스의 정역학, 갈릴레이의 운동학, 뉴튼의 동역학, 맥스웰의 전자기학, 아인슈타인의 상대성론, 슈뢰딩어-하이젠베르크의 양자역학, 소립자물리학의 표준모형을 구성하는 파인만의 양자전기동역학(QED) 등이다. 유용한 이론은 소립자물리학의 표준모형을 구성하는 또 다른 이론인 겔-만의 양자색동역학(QCD, 강력의 이론)과 와인버그의 양자미동역학(QFD, 약력의 이론), 나아가 빅뱅우주론의 표준모형 등이다. 시론적/오도된 이론의 대표적 사례는 '양자중력이론', 특히 '초끈이론'이다. Roger Penrose, *The Emperor's New Mind: Concerning Computers, Minds and the Laws of Physics* (1989), Oxford University Press (국역: 이화여자대학교 출판부, 1996).

45) 윤소영, 『마르크스의 '경제학 비판'』; 『일반화된 마르크스주의 개론』; 『역사적 마르크스주의: 이념과 운동』, 위의 책. 참고로, 펜로즈는 다윈주의적 진화론이 유용한 이론에서 일급의 이론으로 승격할 수 있는 후보라고 말한다. 체계동역학의 관점에서 재구성되는 진화론의 역사는 David Depew and Bruce Weber, *Darwinism Evolving: Systems Dynamics and the Genealogy of Natural Selection*, The MIT Press, 1995를 참조하시오.

서양 철학사 개관*)

고대 철학

서양 철학은 고대 그리스에서 발생한다. 그리스 철학을 집대성한 동시에 최초로 철학사를 정리한 아리스토텔레스에 따르면, 그리스 철학의 가장 중요한 쟁점은 물질(질료·원소·요소)이 우선인가 형태(형상·구조)가 우선인가라는 데 있다.1)

---

*) 다마이 시게루, 『서양 철학사』(1974), 일월서각, 1986에 대한 독서 노트인 이 글은 헤겔의 『철학사 강의』를 읽기 위한 준비 작업이기도 하다. 『철학사 강의』 개관은 켄틴 로어, 「헤겔의 『철학사 강의』」(1974), 이 책에 실림; 클라우스 뒤징, 『헤겔과 철학사』(1983), 동과서, 2003을 참조하시오. 또 서양 철학사에서 인과론·결정론이라는 쟁점에 대해서는 윤소영, 「인과론과 결정론」, 『일반화된 마르크스주의의 쟁점들』, 공감, 2007을 참조하시오.
일본의 마르크스주의 철학사가 다마이 시게루의 다른 책으로는 소크라테스, 에피쿠로스, 로크, 칸트, 헤겔, 엥겔스 등 철학자의 사생활('철학 야화')을 소개하는 『엥겔스의 아내: 철학자의 사랑과 사상』(1979), 친구, 1989가 있다.

1) 윌리엄 거스리, 『희랍 철학 입문: 탈레스에서 아리스토텔레스까지』(1950), 서광사, 2004. 참고로, '지식에 대한 사랑'을 의미하는 그리스 철학은 플라톤이 창시하고 아리스토텔레스가 완성한 형이상학(존재론)과 논리학, 소크라테스가 창시하고 아리스토텔레스가 완성한 윤리학으로 구성된다. 현대에 와서 로크와 칸트가 인식론을 추가하고, 칸트와 슐레겔 형제는 미학(낭만주의적 예술철학으로서 '비평')을 추가한다.

기원전 8세기로 추정되는 헤시오도스의 『신통기』(神統記)는 최초의 근원인 혼돈 속에서 형성되는 질서로서 신의 계보를 추적한다. 이것이 그리스 철학의 전사(前史)에 해당한다고 할 수 있는데, 비슷한 시기로 추정되는 호메로스의 『일리아스』와 『오디세이아』를 특징짓는 신화적 관점과 달리 인격신을 추상화하기 때문이다.

그리스 철학은 기원전 6세기부터 기원후 4세기까지 10세기에 걸쳐 전개된다. 탈레스와 피타고라스, 헤라클레이토스와 파르메니데스-제논의 자연철학, 소피스트(소피스테스)와 소크라테스의 윤리학, 플라톤과 아리스토텔레스의 형이상학과 논리학이 그것을 대표한다. 헬레니즘-로마 시대에 그리스 철학이 쇠퇴하면서, 에피쿠로스주의-스토아주의-회의주의를 거쳐 결국 신플라톤주의가 출현한다.

기원전 6세기에 출현한 자연철학이 그리스 최초의 철학이다. 소아시아 연안 이오니아 식민지의 탈레스는 헤시오도스의 우주발생론을 우주론으로 발전시킨다. 그는 변화·운동(*kinēsis*) 속에서도 불변·부동하는 아르케(*archē*, 원리)를 물질, 특히 물에서 발견한다. 그는 그리스 최초의 천문학자이기도 하다.

반면 이탈리아 반도 남부 식민지의 피타고라스는 우주의 물질이 아니라 형태, 즉 조화에 주목한다. 그가 천문학뿐만 아니라 또한 수학·음악도 강조하는 것은 이 때문이다. 그런데 피타고라스는 신비주의적인 오르페우스교의 후예이기도 하다.[2] 이 때문에 그는 육체와 영혼의 이원론, 나아가 영혼불멸론과 윤회론을 주장한다.[3]

기원전 5세기에 이오니아 학파와 피타고라스 학파는 각각 헤라클레이토스와 파르메니데스-제논(엘레아 학파)에 의해 계승·발전

---

2) 본래 노예의 종교인 오르페우스교는 피타고라스에 의해 귀족의 종교로 변모한다.

3) 피타고라스는 영혼(*psychē*)의 정화(*catharsis*)를 위한 수단으로서 테오리아(*theōria*, 관조·이론)를 강조하면서 수비론(數秘論)을 창시하기도 한다. 참고로, 이오니아 학파의 의학(히포크라테스)이 임상치료를 위한 테크네(*technē*, 기술)를 강조한다면, 피타고라스 학파의 의학(알크마이온)은 '소우주로서 인간'이라는 테오리아에 몰두한다.

된다. 페르시아 전쟁 이후 해양세력인 아테네(아테나이)와 육지세력인 스파르타가 격돌한 펠로폰네소스 전쟁까지 아테네를 중심으로 폴리스가 전성기를 맞이한 기원전 5세기 중엽의 50년을 고전고대 전기라고 부른다.[4)]

탈레스의 물을 불로 대체한 헤라클레이토스는 조화가 아니라 모순(대립물의 투쟁과 통일)이라는 관점에서 불변·부동이 아니라 변화·운동을 강조한다. 그가 말하는 우주의 질서로서 로고스(*logos*, 근거·법칙)는 '만물의 유전(流轉)'을 의미한다.

반면 파르메니데스는 모순이라는 관점을 배척하고 변화·운동이 아니라 불변·부동을 강조한다. 존재만을 인정하고 비존재 또는 무를 부정하는 그에게서 로고스는 우주의 질서가 아니라 그것을 사고하는 인간의 이성이다. 그의 제자인 제논은 아킬레우스와 거북이, 화살과 과녁이라는 역설을 통해 파르메니데스를 급진화한다.[5)]

자연철학을 집대성한 것은 이오니아 학파의 후예인 데모크리토스다. 그는 존재를 원자라고 부르고, 비존재·무를 진공이라고 부른다. 원자와 진공을 이용하여 물질의 자기변화·운동을 설명하는 그의 원자론은 탈레스-헤라클레이토스의 생기론에서 이탈한다.

기원전 4세기에 아테네가 몰락하면서 고전고대 후기가 개시된다.[6)] 이제 수사학 교사인 초기 소피스트가 출현하여 자연철학에 대한 비판을 제기한다. 이오니아 학파의 후예인 프로타고라스는 자연(*physis*, 피지스)과 관습(*nomos*, 노모스)을 구별하면서 자연에 대한

---

4) 이 시기에는 '운명과의 대결'로 특징지어지는 아이스킬로스-소포클레스-에우리피데스의 비극이 출현하기도 한다. 비극은 호메로스의 서사시와 마찬가지로 신화를 소재로 하면서도 외디푸스(이디푸스)처럼 운명(신)과 대결하는 자유의지를 가진 인간(영웅)에게 주목한다. 그리스 비극에 대한 개관은 천병희, 『그리스 비극의 이해』, 문예출판사, 2002를 참조하시오.

5) 헤겔 『대논리학』의 출발점인 존재-무-생성은 파르메니데스-제논-헤라클레이토스를 종합하는 것이다. 『철학사 강의』는 헤라클레이토스를 파르메니데스와 제논 이후에 배치하면서 그의 철학을 '변증법의 조국'이라고 상찬한다.

6) 이 시기에는 아이러니(풍자와 야유)를 통한 '운명의 초월'로 특징지어지는 아리스토파네스의 희극이 출현한다.

지식의 불가능성을 주장한다('인간은 만물의 척도다').[7]

프로타고라스와 마찬가지로 이오니아 학파의 후예인 소크라테스는 일체의 지식을 부정하는 후기 소피스트의 상대주의·회의주의에 반대하여 자연과 관습의 조화를 추구하면서 '인간의 자연'에 대한 지식은 가능하다고 주장한다. 그는 '덕은 지식이고, 또 지식을 통해 선을 달성할 수 있다'고 설명하면서 자연철학에서 윤리학으로 이행한다. 그러나 무지의 자각이 지식의 자각의 전제임을 주장하는 그의 변증법('문답법')[8]은 소피스트주의로 오인된다.[9]

소크라테스의 후예로는 쾌락주의적인 키레네 학파, 금욕주의적인 키니코스 학파(견유학파), 소피스트적인 메가라 학파가 있다. 키레네 학파와 키니코스 학파는 상통하는 바가 있지만, 초자유주의적인 세계시민(노마드)을 자처하면서 자연을 위해 관습의 폐지를 주장한 '술통의 디오게네스'의 일화로 인해 키니코스 학파가 더 유명하다. 또 메가라 학파는 크레타의 거짓말쟁이 같은 역설 추론을 통해 이율배반을 발견한다.

그러나 소크라테스를 철학화한 것은 플라톤이다. 그에게서 형태는 초월적 존재로서 관념(*idea*, 이데아)이다. 관념은 오성(수학)과 이성(철학)의 대상이고, 관념의 관념은 윤리적 선이다. 동시에 그는 피타고라스 학파를 계승하여 영혼불멸론과 윤회론을 수용한다. 그에게서 인식은 영혼의 상기(想起)다. 진리, 즉 알레테이아(*alētheia*)는 상기, 즉 망각(*lēthē*, 레테) 이전으로 돌아감을 의미한다. 이런 의미에서 플라톤의 철학을 존재-신학이라고 부를 수 있다.

반면 아리스토텔레스는 플라톤의 관념론과 상기론을 비판하면서 존재-우주론(또는 존재-세계론)을 제시한다. 그는 플라톤을 '피타고라스의 영향을 받은 소크라테스주의자'라기보다는 오히려 '소크

---

7) 『철학사 강의』에서 헤겔은 소피스트를 그리스 계몽주의자로 복권시킨다.

8) 소크라테스의 방법은 무지를 자각하게 하는 부정적 반어법(소크라테스적 아이러니)과 지식을 자각하게 하는 긍정적 산파술로 구성된다.

9) 헤겔은 『철학사 강의』에서 소크라테스가 재판을 받은 이유를 공동체적 윤리보다는 개인적 도덕을 강조하기 때문이라고 해석한다.

라테스의 영향을 받은 피타고라스주의자'라고 비판하면서 피타고라스 학파 대신 이오니아 학파, 특히 데모크리토스의 자연철학을 수용한다.[10] 또한 플라톤의 철학이 문학('대화')에 주목한다면, 그의 철학은 과학(자연학, 특히 생물학·의학)을 강조한다.[11]

아리스토텔레스는 플라톤이 창시한 '존재로서 존재'(*to on hē on*)에 대한 학문인 형이상학을 '제일의 철학'으로 설정한다.[12] 그에게 존재는 개체로서 실존자다. 또 실존자는 기본적·독립적인 실존자, 즉 실체(*ousia*, substance)와 파생적·종속적인 실존자, 즉 우유(偶有, accident)로 구별된다. 우유가 아니라 실체가 형이상학의 대상이라는 것이다.

게다가 아리스토텔레스는 플라톤과 반대로 보편자(*to katholou*, *to koinon*)가 개체와 분리된 초월적 존재가 아니라고 주장한다. 또 그는 보편자로서 관념 대신 형태(*eidos*)에 주목한다.[13] 물질(*hylē*)은 '기체'(基體, *hypokeimenon*)[14]이고, 형태는 그 내재적 존재 또는 구조로서 본질(*ousia*, essence)이다. 즉 실체는 물질과 형태의 결합이라는 것이다.

아리스토텔레스는 자연학의 대상인 실체의 변화·운동을 물질과 형태의 관계를 통해 설명한다.[15] 즉 변화·운동은 물질의 가능태

---

10) 그러나 그는 비존재·무로서 진공을 부정한다. 그 후 '진공에 대한 혐오'가 서양 철학사를 지배한다.

11) 아리스토텔레스에 대해서는 Jonathan Barnes, *Aristotle: A Very Short Introduction*, Oxford University Press, 2000 (구판 국역: 서광사, 1989); J. Barnes, ed., *The Cambridge Companion to Aristotle*, Cambridge University Press, 1995를 참조하시오.

12) 메타피지카(*metaphysica*, 형이상학)는 피지카(*physica*, 자연학)의 뒤에(*meta*) 편집되어 있다는 의미다. 그러나 메타는 초월(trans-)을 의미하기도 하므로 『역경』(易經)의 자구를 따서 '형이상학'(形而上學)이라고 번역했다고 한다.

13) '*eidos*'는 종(species)을 의미하기도 한다. 반면 류(genus)는 '*genos*'다.

14) '*hypokeimenon*'의 라틴어 번역어 '*subjectum*'(substratum)을 'Subjektivität'(subjectivity, 주체)가 아니라 'Subjektheit'(subjectness, 기체)로 번역한 것은 하이데거다. E. Balibar et al., "Subject" (2004), *Radical Philosophy*, July 2006.

(*dynamis*, 잠재태)가 형태의 현실태(*energeia*)로 실현되는 것, 즉 물질의 기능(*ergon*)이 형태로 실현되는 것이다.[16]

아리스토텔레스는 신학을 목적론으로 대체한다. 플라톤에게 영혼은 신이지만, 그에게 영혼은 생명이다. 물질 없는 순수 형태로서 '변화·운동하지 않는 변화·운동의 원인'(*noēsis noēseōs*, unmoved mover), 즉 변화·운동의 목적(*telos*)이 신이라는 것이다.[17] 완성태(*entelecheia*), 즉 목적에 존재하는 상태는 현실태의 완성이다.[18]

아리스토텔레스는 소크라테스도 비판한다. 그에게서 윤리학은 형이상학과 달리 '비철학적 철학'이다. 따라서 덕은 이론적 지식으로서 테오리아(*theōria*, 사고의 사고)가 아니라 실천적 지식으로서 프로네시스(*phronēsis*, 중용의 지혜)에 의해 실현된다는 것이다. 또 그는 지식을 통해 선을 달성할 수 있다고 주장하는 것에 반대하여 아크라시아(*akrasia*)를 강조한다.[19]

아리스토텔레스는 철학의 예비학으로서 논리학(및 문법)을 체계화한다. 그는 토피카(*topica*)와 분석법을 구별한다. 토피카가 엔독사(*endoxa*, 관습적 의견 또는 여론)에서 출발하는 소크라테스적인 변증법이라면,[20] 분석법은 정의와 공리를 토대로 하는 형식논리학, 특히 삼단논법을 핵심으로 하는 연역법이다. 윤리학의 방법은 토피카이고, 형이상학의 방법은 분석법이라는 것이다.[21]

---

15) 실체의 변화·운동이란 우선 물질과 형태가 결합하는 발생이자 물질과 형태의 결합이 해체되는 소멸이다. 나아가 양적 변화는 변량(變量, 성장)이고, 질적 변화는 변성(變性)이다. (좁은 의미에서) 운동이란 공간적 변화를 의미한다.

16) 아리스토텔레스의 작용인은 힘이 아니라 기능과 관련된다는 데 주목해 두자. 참고로, 아리스토텔레스 식으로 말하자면, 닭(형태)이 달걀(물질)보다 먼저라고 할 수 있다.

17) 따라서 신은 창조 또는 섭리와 무관하다.

18) 따라서 목적인은 형태인은 물론이고 심지어 작용인과 동일하다고 할 수 있다. 이를 원인의 모호성·다의성이라고 부를 수 있을 것이다.

19) 아크라시아는 메디아(메데이아)처럼 '선을 알면서도 악을 행한다'는 의미인데, 스피노자는 『윤리학』에서 이를 이성에 대한 정념의 우위로 설명한다.

20) 이때 '*topos*'(장소)는 변증법의 규칙을 의미한다.

기원전 4세기말 이후 헬레니즘 시대는 그리스 철학의 쇠퇴기('에피고넨의 시대')라고 할 수 있다.[22] 에피쿠로스는 원자의 수직낙하[23]와 클리나멘(*clinamen*, 우연한 편의(偏倚))을 이용하여 데모크리토스의 원자론을 체계화함으로써 플라톤의 신학과 아리스토텔레스의 목적론에 대한 비판을 시도한다.[24] 그러나 키레네 학파의 후예이기도 한 그에게서는 윤리학과 실천적 지식이 자연철학과 이론적 지식보다 우위에 있다.[25] 그는 쾌락보다는 기쁨, 나아가 아타락시아(*ataraxia*, 평온)를 강조한다.[26]

키니코스 학파의 후예인 스토아 학파는 헤라클레이토스처럼 로고스를 생기론적으로 해석하여 신화(神火)와 동일시한다.[27] 또 노모스(관습법·실정법)보다는 로고스를 강조하여 자연법 사상을 발전시킨다. 이런 자연법 사상은 폴리스(도시국가)가 아니라 코스모폴리스(세계제국)를 위한 철학이라고 할 수 있다.

에피쿠로스 학파와 스토아 학파를 독단주의라고 비판하는 회의

---

21) 그러나 아리스토텔레스의 연역법(증명 또는 서술의 방법)은 귀납법(발견 또는 연구의 방법)을 전제하는 것이다. 게다가 (하르트만이 지적하듯이) 그는 헤겔처럼 체계의 구성에 관심을 갖는 것이 아니라 오히려 아포리아의 해결에 관심을 갖는다. 뒤징, 『헤겔과 철학사』, 위의 책. 알다시피 『윤리학』에서 스피노자는 (데카르트를 따라) '기하학적인 증명 방법', 즉 연역법을 채택한다.

22) 대신 알렉산드리아를 중심으로 과학이 발전하는데, 플라톤 학파의 후예인 유클리드(에우클레이데스)의 수학(기하학), 아리스토텔레스 학파의 후예인 아르키메데스의 정역학, 프톨레마이오스의 천문학, 헤로필로스·갈레노스의 의학(해부학) 등이 대표적인 사례다.

23) 참고로, 수직낙하는 자유낙하(갈릴레이)와 달리 등속도 운동, 즉 관성운동이다.

24) 알다시피 바로 이것이 『윤리학』에서 스피노자가 제시하는 존재론의 원천이다.

25) 자유의지를 상징하는 클리나멘이 강조되는 것은 이 때문이다. 마르크스가 1841년의 박사논문 『데모크리토스와 에피쿠로스의 자연철학의 차이』에서 강조하는 것도 바로 자유의지로서 클리나멘이다.

26) 알다시피 바로 이것이 『윤리학』에서 스피노자가 제시하는 인간학의 결론이다.

27) 스토아 학파에게서 신은 운명이기도 하다.

주의는 에포케(*epochē*, 판단 중지)를 주장한다.

그리스 철학의 쇠퇴가 지속되는 로마 시대에는 금욕주의를 완화하여 귀족철학으로 변모한 스토아 학파만이 잔존한다.[28] 로마가 공화정에서 제정으로 이행하는 기원전 1세기의 키케로는 스토아 학파의 자연법 사상을 수용하여 만민법을 추상화하고 철학화한다.[29] 그러나 네로의 스승인 세네카는 '신에 대한 사랑'을 강조하면서 기독교와의 친화성을 보인다. 노예 출신인 에피쿠테투스와 5현제 중 마지막 황제인 마르쿠스 아우렐리우스에게서 스토아 학파의 신학화는 더욱 진전된다.

군인황제가 출몰하는 3세기 중엽의 대혼란기에 플로티노스는 플라톤을 수용하여 스토아주의를 신플라톤주의로 변모시킨다. 그는 관념의 관념으로서 지고의 선을 로고스로서 신이라고 부른다. 여기서 이성과 영혼과 자연이 유출(流出)된다는 것이 그의 주장이다. 그런데 유출이 하강이라면, 테오리아는 상승이다. 테오리아에 의해 이성, 나아가 직관('신과의 합일')에 도달할 수 있다는 것이다.[30]

중세 철학

4세기말, 5세기초에 아우구스티누스는 신플라톤주의를 수용하여 교부철학을 완성한다.[31] 그는 특히 삼위일체설을 재해석하면서 의심하는 나는 의심할 수 없다('속고 있다면, 나는 존재한다')고 주장

---

28) 키케로와 같은 시대의 철학시인 루크레티우스만은 예외적으로 에피쿠로스 학파의 후예다.

29) 로마법은 로마인에게 적용되는 시민법과 비로마인에게 적용되는 만민법으로 구성된다. 시민법이 실정법이라면, 만민법은 본래 인류 공통의 보편원리에 따르는 구체적이고 실용적인 관습법이다.

30) 알다시피 바로 이것이 스피노자의 『윤리학』을 신플라톤주의적으로 해석할 수 있다는 주장의 근거가 된다.

31) 신플라톤주의는 발렌티누스의 그노시스파에 의해서도 수용된 바 있다.

한다.[32] 말년의 그는 자기에 대한 사랑이 지배하는 '지상의 국가'(이교도)와 신에 대한 사랑이 지배하는 '신의 국가'(교회) 사이의 투쟁을 통해 전통적인 종말론을 목적론으로 대체한다.[33] 그는 아담 이후, 노아 이후, 아브라함 이후, 다윗 이후, 포로시대 이후(유다교 시대), 예수 이후(기독교 시대)라는 6개의 시기구분을 제시한다.[34]

12세기 이베리아 반도 코르도바의 이슬람 철학자 이븐 루시드('아베로에스')는 플로티노스를 비판하고 아리스토텔레스를 복권시키면서 '이중 진리설'을 제시한다. 이는 계시('신과의 합일')에 대해 철학('이성과의 합일')을 옹호한다는 의미를 갖는다. 그는 능산적(能産的, 생산하는) 자연과 소산적(所産的, 생산되는) 자연을 구별하기도 한다.[35]

이슬람 철학을 매개로 아리스토텔레스('그 철학자')를 수용한 스콜라철학은 교부철학을 대체한다.[36] 11-12세기 초기 스콜라철학의 최대의 쟁점은 보편자가 사물(*res*, 현실)인가 아니면 명사(*nomina*, 명목)인가라는 것인데, 이것이 바로 '보편 논쟁'이다. 실재론은 보편자가 사물에 '선행하는' 사물이라고 주장한다면, 명목론은 보편자가 사물에 '후속하는' 명사라고 주장한다. 실재론과 명목론의 대립을

32) 이 때문에 발리바르는 자기의식 또는 자기확실성으로서 주체 개념이 데카르트가 아니라 아우구스티누스에게서 최초로 발견된다고 주장한다. E. Balibar et al., "Subject", *op. cit.*

33) 따라서 선형적 시간 개념을 토대로 하는 역사철학을 발명한 것도 아우구스티누스다. 반면 그리스 철학은 순환적 시간 개념을 토대로 하는 순환론인데, 특히 아리스토텔레스는 형태·구조가 아니라 사건에 의해 지배되는 역사는 철학의 대상이 될 수 없다고 주장한다. 기독교의 역사에 대해서는 윤소영, 「기독교사 개관」, 『일반화된 마르크스주의의 경계들』, 공감, 2007을 참조하고, 기독교적 종말론의 역사에 대해서는 리차드 카일, 『역사 속의 종말 인식』(1998), 기독교문서선교회, 2007을 참조하시오.

34) 이는 성직자가 철학자를 대체한다는 의미에서 플라톤적 국가론을 기독교적으로 재해석한 것이기도 하다.

35) 발리바르는 스피노자와 신플라톤주의의 친화성을 주장하는 네그리에 반대하여 스피노자와 아베로에스의 친화성을 주장한다. 발리바르, 「보편의 상 아래에서」(2006), 『일반화된 마르크스주의의 쟁점들』, 위의 책.

36) 리처드 루빈스타인, 『아리스토텔레스의 아이들』(2003), 민음사, 2004.

지양하는 아벨라르두스(아벨라르드)의 입장은 보편자가 사물 '속에' 존재한다는 완화된 실재론/명목론으로서 현실주의다.[37)]

13-14세기 후기 스콜라철학에서 현실주의는 아퀴나스의 토마스에 의해 발전되고, 명목론은 둔스의 스코투스와 그의 제자 오캄의 윌리엄에 의해 발전된다. 우선 토마스는 인간 개체와 인간 종을 실존(*esse*)과 본질(*essentia*)로 구별한다. 물질로 인해 불완전한 형태를 구성하는 인간은 실존과 본질이 분리될 수밖에 없다는 것이다. 반면 물질 없는 완전한 형태인 신은 실존과 본질이 통일된다.

스코투스는 종적 형태와 구별되는 개체적 형태를 주장한다. 개별화(individualization/singularization)의 원리를 아리스토텔레스처럼 물질에서 발견하는 것이 아니라 형태 자체에서 발견해야 한다는 것이다. 나아가 윌리엄은 개체에서 보편자(류 또는 종)를 추상하는 것이 불가능하다고 주장한다. 기호(현실이 아니라 상징)일 따름인 보편자는 형이상학적 존재가 아니라 논리학적 존재라는 것이다.[38)]

현대 철학

현대 철학은 17-18세기 영국의 경험주의와 프랑스·독일의 합리주의에서 시작된다. 윌리엄의 급진적인 명목론은 프랜시스 베이컨

---

37) 관념의 보편성(류적 보편성)을 주장하는 실재론이 플라톤적인 관념론이라면(따라서 실재론이 아니라 실념론(實念論)으로 번역하기도 한다), 완화된 실재론/명목론은 형태 또는 본질의 보편성(종적 보편성)을 주장하는 아리스토텔레스적인 현실주의다. 달리 말하자면, 현실주의적 보편자가 사고의 대상인 동시에 현실의 대상이라면, 실재론적 보편자는 사고의 대상과 현실의 대상을 혼동한다는 것이다. 반면 명목론적 보편자는 현실의 대상이 아니라 사고의 대상일 따름이다. 참고로, '*res*'의 형용사 '*realis*'(현실적, real)를 발명한 것은 아벨라르두스이고, 명사 '*realitas*'(현실, reality)를 발명한 것은 둔스의 스코투스라고 한다.

38) 보편 논쟁은 16세기 종교개혁의 계기가 되기도 하는데, 특히 루터는 명목론자다. 그러나 위클리프와 후스는 현실주의자다.

의 경험주의로 계승된다. 그는 아리스토텔레스에 반대하여 귀납법과 원자론을 복권시킨다. 그의 경험주의는 흄에 의해 체계화된다.

반면 데카르트는 연역법에 근거하는 합리주의를 주장하면서 '나는 생각한다(의심한다), 고로 나는 존재한다'를 제일의 원리로 채택한다. 그의 합리주의는 스피노자에 의해 체계화된다.[39]

또한 라이프니츠는 합리주의를 주장하는 동시에 생기론과 스콜라철학을 복권시킨다. 그는 스피노자의 실체를 비판하면서 개체화된 실체로서 모나드를 주장하고, 뉴튼의 중력을 비판하면서 모나드에 내재적인 힘을 주장한다.[40] 또 모나드의 모나드인 신에 의해 모나드 사이의 예정조화를 주장하는 그의 변신론(辯神論, theodicy)은 전통적인 목적론을 체계화하는 것이다.[41]

현대 철학의 또 다른 중요한 특징은 자연권 사상이다. 홉즈는 자연법 대신 자연권을 강조한다.[42] 나아가 '휘그당의 아리스토텔레스'

---

39) 스피노자에 대해서는 발리바르, 「스피노자, 정치와 교통」(1989), 윤소영, 『알튀세르의 현재성: 마르크스, 프로이트, 스피노자』, 공감, 1996을 참조하시오.

40) 물체에 외재적인 중력에 주목하는 뉴튼에 반대하여 그는 모나드에 내재적인 '살아있는 힘'(*vis viva*, 생기력)을 강조한다. 또 그의 동역학은 뉴튼의 그것처럼 물체의 운동을 설명하는 것이 아니라 힘의 보존을 설명한다. 그러나 헬름홀츠가 증명한 것처럼, 그의 힘은 사실 힘이 아니라 에너지다. 그는 운동량(질량 곱하기 속도) 보존의 법칙을 주장하는 데카르트적 전통을 운동에너지(질량 곱하기 속도의 제곱) 보존의 법칙으로 발전시킨 셈이다. 참고로, 동역학의 어원은 그리스어 '*dynamis*'(라틴어 '*potentia*'), 에너지의 어원은 '*energeia*'('*actus*')다. Françoise Balibar, "Force/Energie", in Barbara Cassin, ed., *Vocabulaire européen des philosophies: Dictionnaire des intraduisibles*, Seuil, 2004. 뉴튼의 고전 역학에서 아인슈타인의 현대 역학으로 이행하는 과도기에 열역학이 출현하면서 비로소 힘과 에너지를 구별할 수 있게 된다. 또 전자기학이 출현하면서 물질 개념이 장(또는 '힘의 선') 개념으로 확장되고, 데모크리토스적 원자론의 원자와 진공 개념은 폐기된다. 피터 하만, 『에너지, 힘, 물질: 19세기의 물리학』(1982), 성우, 2000.

41) 볼프가 라이프니츠를 대중화하면서 독일 계몽주의가 시작된다. 그러나 독일 계몽주의의 상징인 레싱은 스피노자를 복권시킨다.

42) 여기서 자연법은 로마의 만민법을 국제법으로 발전시킨 그로티우스에 의해 세속화하고 현대화된 자연법을 의미한다.

라고 불리는 로크는 입헌군주제와 저항권을 주장한다. 로크의 철학은 뉴튼의 동역학과 함께 볼테르와 몽테스키외에 의해 프랑스로 수입되어 계몽주의로 발전된다. 루소는 계몽주의를 비판하면서 민주공화제와 혁명권을 주장한다.

현대 철학의 절정은 18세기말, 19세기초 독일 관념론이다. 우선 칸트는 베이컨부터 흄까지의 경험주의와 데카르트부터 스피노자-라이프니츠까지의 합리주의의 대립을 비판주의를 통해 해결하려고 시도한다. 그는 합리주의적 독단을 경험주의를 통해 비판하는데, 특히 그의 '사물 자체'는 흄에게서 수입된 것이다. 경험주의적 감각과 합리주의적 오성의 대립을 비판주의적 이성을 통해 해결하려는 그의 『순수이성 비판』은 수학적 선험 형식(감각과 경험에 선행하는 순수 직관), 과학적 오성, 철학적 이성의 3부로 구성된다. 그러나 『실천이성 비판』에서 그는 실천이성이 이론이성에 대해 우위를 갖는다고 주장하면서 이전의 입장에서 후퇴한다.

피히테는 자아('나')를 중심으로 칸트의 주체적(주관적) 관념론을 급진화한다. 그에게 자연은 자아에 대한 장애일 따름이다. 반면 셸링은 스피노자의 실체를 원용하여 자연을 복권시킴으로써 대상적(객관적) 관념론을 제창한다.

헤겔은 칸트-피히테와 셸링의 대립을 주체와 대상의 통일성을 주장하는 절대적 관념론으로 지양한다. 그는 칸트의 사물 자체와 스피노자-셸링의 실체를 비판하기 위해 아리스토텔레스의 '운동하지 않는 운동의 원인'(운동의 목적)으로서 신을 '주체로 생성하는 실체'로서 정신·관념으로 발전시킨다. 그는 특히 아리스토텔레스의 '*energeia*'(라틴어 '*actus*')를 'Tätigkeit'(activity) 또는 'Wirklichkeit'(actuality)로 해석할 수 있다고 주장한다.43)

헤겔 사후인 1830-40년대의 독일에서 좌파 헤겔주의 또는 청년

---

43) 영국이나 프랑스와 달리 독일에서는 멜란히톤에 의해 아리스토텔레스적 전통이 보존된다. 헤겔의 원천으로서 아리스토텔레스에 대해서는 Alfredo Ferrarin, *Hegel and Aristotle*, Cambridge University Press, 2001을 참조하시오.

헤겔파는 헤겔의 기독교에 대한 해석을 비판한다.[44] 슈트라우스는 '역사적 예수론'을 제기하고, 포이어바흐는 신적 본질이 인간적 본질의 소외일 따름이라는 '소외의 인간학'을 제기한다. 나아가 슈티르너는 인간적 본질('류적 존재')을 부정하면서 유일자의 고유성(개별성)이라는 질문을 제기하고, 마르크스는 사회적 관계로서 인간적 본질('종적 존재')이라는 질문을 제기한다.[45]

1870년대 독일 철학의 주류는 칸트를 합리주의, 심지어 과학주의로 재해석하는 신칸트주의가 대표한다. 신칸트주의는 헤겔 생전에 베를린 대학 동료인 쇼펜하우어에게서 시작되는 헤겔 비판과 칸트 복권의 전통을 계승하는 것이기도 하다. 마르부르크 학파는 자연과학을 위한 철학을 제시하고, 바덴 학파는 법칙정립적인 자연과학을 위한 철학(보편화)과 구별되는 개성묘사적인 '문화과학'을 위한 철학(개별화)을 제시한다.[46]

반면 독일 철학의 비주류는 니체의 '생명철학'이 대표한다. (후기) 니체는 쇼펜하우어의 '생명에 대한 의지'를 급진화하기 위해 생명, 즉 '권력(Macht)에 대한 의지'를 강조하면서 영원회귀(동일성의 반복)와 자라투스투라(조로아스터, 초인)에 주목한다.

20세기에 '언어적 전환'을 거치면서 신칸트주의와 생명철학은 각각 영·미의 분석철학과 독일의 현상학·실존주의로 대체된다. 신실증주의, 즉 논리-실증주의는 프레게와 러셀의 수리논리학에 근거하여 콩트-마흐의 실증주의를 급진화하는 새로운 과학철학(넓은 의미의 분석철학)이다. 또 과학언어가 아니라 일상언어를 강조하는 (후

---

44) 마르크스는 이 시기를 헬레니즘 시대와 비교하면서 '에피고넨의 시대'라고 부른다.

45) 홉즈부터 로크와 루소, 헤겔과 마르크스까지의 현대 철학의 쟁점은 『일반화된 마르크스주의의 경계들』에 실린 「헤겔-마르크스주의와 변증법」을 참조하고, 특히 헤겔과 마르크스의 관계는 이 책에 실린 「헤겔-마르크스주의와 변증법 (II)」를 참조하시오.

46) 문화과학이란 마르크스의 역사과학에 대한 대안을 의미하는 것이기도 하다. 알다시피 베른슈타인의 수정주의·개량주의는 신칸트주의의 수용에서 비롯된다.

기) 비트겐슈타인은 언어철학(좁은 의미의 분석철학)을 제시한다.

반면 니체의 생명철학은 후설의 현상학을 거쳐 하이데거의 실존주의로 계승된다. 하이데거는 니체의 후예일 뿐만 아니라 또한 '기독교적 슈티르너'라고 부를 수 있는 키에르케고르(키르쿠가드)의 후예이기도 하다. 헤겔-마르크스의 변증법에 대한 비판을 시도하는 키에르케고르-니체-하이데거는 모순을 차이로 대체한다.[47]

보론: 서양 철학사에서 여성[48]

서양 철학사에서 여성혐오증과 성적 차이에 대한 맹목은 악명 높은 것이다. 이 때문에 여성 철학자는 아주 희귀하고, 페미니스트 여성 철학자는 더더욱 희귀하다.[49]

---

47) Robert Sinnerbrink, *Understanding Hegelianism*, Acumen, 2007. 특히 루카치와 하이데거 사이의 논쟁에 대해서는 루시앵 골드만, 『루카치와 하이데거』(1973), 까치, 1983을 참조하고, 알튀세르와 데리다 사이의 논쟁에 대해서는 발리바르, 「목적론 대 종말론: 알튀세르와 데리다의 유예된 대화」(2006), 『일반화된 마르크스주의의 경계들』, 위의 책을 참조하시오.

48) 마리트 룰만 외, 『여성 철학자』(1998), 푸른숲, 2005. 또 다마이 시게루, 『엥겔스의 아내』, 위의 책; 쉴라 로보쌈, 「마르크스 가족의 가려진 사생활」(1982), 권현정, 『마르크스주의 페미니즘의 현재성』, 공감, 2002도 참조.

49) 참고로, 유다교-기독교 같은 계시종교의 출현은 가부장제의 형성을 전제로 하는 것이다. 신석기 시대 친족·부족사회의 '어머니-여신'(아프로디테/비너스)이 청동기 시대 도시국가의 '아들-남신'(마르두크)을 거쳐 철기 시대 세계제국의 '창조자-유일신'(아버지-하나님)으로 변모하기 때문이다. 그러나 바코펜과 엥겔스가 오해한 신화 속의 가모장제의 현실은 가부장제·부계제로 이행하는 모계제에 불과한 것인데, 이 경우에도 권력은 남성 형제(또는 어머니의 남성 형제)에게 있기 때문이다. 요컨대 가부장제는 여성의 성욕과 재생산능력을 통제하는 역사적으로 특수한 형태의 남성(아버지) 권력이라는 것이다. 거다 러너, 『가부장제의 창조』(1986), 당대, 2004. 이 때문에 또 다른 형태의 남성(남편) 권력인 핵가족을 가부장제와 혼동해서도 안 된다고 할 수 있다. 권현정, 『마르크스주의 페미니즘의 현재성』, 위의 책; 이미경, 『신자유주의적 '반격' 하에서 핵가족과 '가족의 위기'』, 공감, 1999.

소크라테스는 자신의 본처인 크산티페를 악처로 묘사한 것으로 유명한데, 그러나 플라톤은 그렇지 않다고 증언한다.[50] 또 플라톤이 증언하듯이, 소크라테스의 스승 중에는 문답법을 가르쳐준 헤타이라 출신의 소피스트 아스파시아(페리클레스의 후처)와 에로스의 중요성을 가르쳐준 여사제 디오티마도 있다.[51][52]

소크라테스의 제자인 플라톤과 아리스토텔레스의 경우도 예외는 아니다. 플라톤이 말하는 철학자의 에로스는 재생산과 분리된 성욕으로서 남성 동성애를 의미할 따름이고, 또 아리스토텔레스의 자연학은 가장 노골적인 여성혐오증으로 특징지어진다.

이 점에서 에피쿠로스 학파만 예외적인 존재다. 에피쿠로스에게 '자연적인 동시에 필연적인 욕망'인 식욕, '자연적이지도 필연적이지도 않은 욕망'인 야망·탐욕과 달리, 성욕은 '자연적이지만 필연적이지는 않은 욕망'이다. 게다가 루크레티우스는 여성의 성욕이 남성의 성욕보다 더 자연스러운 것이라고 주장하는데, 여기서 여성은 헤타이라를 의미한다. 헤타이라 출신의 에피쿠로스 제자이자 연인인 레온티온은 아리스토텔레스의 여성혐오증을 비판한 것으로 유명하다.[53]

신플라톤주의자 히파티아는 철학자이자 수학자·천문학자인데, 광신적 기독교도의 폭동 속에서 피살된다. 아마도 이것이 기독교의 역

---

50) 피타고라스의 제자이자 부인인 테아노는 전형적인 현모양처라고 한다.

51) 아프로디테/비너스 신화로 소급되는 여사제/헤타이라/쿠르티잔의 역사에 대해서는 Nickie Roberts, *Whores in History: Prostitution in Western Society*, Harper Collins, 1992 (국역: 책세상, 2004)를 참조하시오.

52) 그리스 최초의 여성 지식인은 아마도 기원전 6세기 레스보스의 여사제이자 시인인 사포일 것이다.

53) Howard Jones, *The Epicurean Tradition*, Routledge, 1989; Robert Brown, *Lucretius on Love and Sex*, E. J. Brill, 1987. 스피노자는 에피쿠로스적 전통을 따르면서도 성욕을 야망·탐욕보다 더 위험스런 욕망으로 간주한다. 야망·탐욕은 좌절이 슬픔을 가져오는 반면 성욕은 충족이 슬픔을 가져오기 때문에, 에로스적 사랑은 필리아적 사랑으로 '승화'되어야 한다는 것이다. 스피노자의 여성혐오증에 대해서는 윤소영 옮김, 『'인권의 정치'와 성적 차이』, 공감, 2003을 참조하시오.

사에 기록된 최초의 '마녀 사냥'일 것이다.

아리스토텔레스의 여성혐오증을 계승한 스콜라 학파에게 대항하는 중세의 여성 철학자로는 베네딕투스 수도회의 힐데가르트가 있는데, 그녀는 도미니쿠스 수도회의 신비주의 대가 에크하르트의 스승이다. 생물학과 의학에 대한 그녀의 조예에도 물론 주목해야 한다. 또 중세 말기의 크리스틴은 최초의 여성 직업작가다. 제2의 레온티온이라고 불리는 그녀는 여성혐오증적인 궁정연애시 『장미 이야기』를 비판하고 『여성의 도시』를 집필하면서 '여성 논쟁'(querelle des femmes)을 제기한다.

르네상스 시기부터 비라고(*virago*, 교양을 갖춘 '남성화된' 여성)가 출현하고 고대의 헤타이라도 쿠르티잔으로 부활한다. 17세기 몽테뉴의 양녀 구르네, 스피노자와 동시대인인 슈르만이 대표적인 비라고다. 또 영국에서는 과학을 애호하는 여성(scientific lady)이 출현하는데, 데카르트의 이원론에 대한 비판인 모나드론을 최초로 제시한 콘웨이가 대표적이다. 18세기에는 볼테르의 연인 샤틀레 부인이 유명한데, 뉴튼 번역자인 그녀의 별명은 '마담 뉴튼'이다.

최초의 페미니스트가 출현한 것은 역시 프랑스 혁명 이후라고 할 수 있다.[54] 「인권과 시민권에 대한 선언」을 비판하고 여성권을 주장함으로써 '여성 논쟁'을 부활시킨 올랭프 드 구즈와 테루아뉴 드 메리쿠르는 모두 쿠르티잔 출신이다. 울스톤크라프트는 버크를 비판하면서 그녀들에게 동조한다. 그 후 여성 노동자 드루앵·부알캥·데마는 생시몽-푸리에주의적인 입장에서 사회주의 페미니즘을 제창하고, 쿠르티잔 출신의 트리스탕도 독립적인 입장에서 사회주의 페미니즘을 주창한다.[55] 또한 존 스튜어트 밀의 동지이자 부인인 헤리엇 테일러는 울스톤크라프트의 후예라고 할 수 있다.

---

54) 권현정 외, 『페미니즘 역사의 재구성: 가족과 성욕을 둘러싼 쟁점들』, 공감, 2003; 윤소영 옮김, 『'인권의 정치'와 성적 차이』, 위의 책.

55) '노동자계급의 해방은 그 자신에 의해 쟁취되어야 한다'는 마르크스의 구호(국제노동자연합 잠정규약)와 엥겔스의 사회주의 페미니즘은 모두 트리스탕에게서 비롯되는 것이다.

그러나 프랑스 혁명을 이론화한 독일 관념론의 경우도 여성혐오증과 성적 차이에 대한 맹목에서 예외는 아니다.[56] 대신 낭만주의적 여성 지식인이 출현한다. 우선 괴테와 베토벤의 친구이자 서간 소설가로 유명한 베티나가 있다.[57] 또 슐레겔(아우구스트)의 부인이었다가 셸링의 부인이 된 카롤리네가 있는데, 그녀는 셰익스피어 번역자다. 몽테스키외와 볼테르의 제자인 스탈 부인은 독일 낭만주의를 프랑스와 영국에 소개한다.

성적 차이에 대한 인식은 콜론타이 같은 사회주의 페미니스트에 의해 발전된다.[58] 또 프로이트의 제자인 도이치, 호르나이, 클라인 같은 여성 정신분석가도 성적 차이를 인식하려고 시도한다.[59] 니체와 릴케의 연인이었다가 프로이트의 제자가 된 살로메에게서도 성적 차이에 대한 인식이 발견된다.

반면 하이데거의 제자이자 연인인 아렌트와 루카치의 제자인 헬레르는 성적 차이를 인식하지 못한다. 사회주의 페미니즘의 입장에서 헤겔을 수용함으로써 성적 차이를 인식하려고 시도한 최초의 여성 철학자는 젠더 페미니스트 보부아르와 성적 차이의 페미니스트 이리가레라고 할 수 있다.[60]

2007. 8.

---

56) 현대 철학에서 여성혐오증과 성적 차이에 대한 맹목은 즈느비에브 프레스, 「성적 차이의 철학적 역사」(1991); 프랑수아즈 콜랭, 「철학적 차이들」(1991), 권현정 엮음, 『성적 차이와 페미니즘』, 공감, 1997을 참조하시오. 특히 헤겔의 경우는 윤소영 옮김, 『헤겔과 성적 차이의 페미니즘』, 공감, 2007을 참조하시오.

57) 그녀는 베토벤을 낭만주의적으로 해석한 것으로도 유명하다. 또 베토벤의 '불멸의 연인'은 그녀의 올케 안토니라고 한다. 윤소영 옮김, 『베토벤: '윤리적 미' 또는 '승화된 에로스'』, 공감, 1997.

58) 윤소영, 『역사적 마르크스주의: 이념과 운동』, 공감, 2004.

59) 뤼스 이리가레, 「정신분석이론: 또 다른 모습」(1973), 『성적 차이와 페미니즘』, 위의 책.

60) 『헤겔과 성적 차이의 페미니즘』, 위의 책.

‘구조주의’ 논쟁: 푸코, 들뢰즈, 데리다, 알튀세르*)

에티엔 발리바르

『권력과 저항』이라는 제목으로 출판되는 요시유키 사토의 책은 [2004년에] 낭테르 소재 파리10대학 철학과에 제출된 『구조주의와 저항의 문제』에 대한 훌륭한 박사학위논문이었는데, 그 심사위원은 [지도교수인] 나를 포함해서 버틀러(Judith Butler), 마슈레(Pierre Macherey), 말라부(Catherine Malabou), 오질비(Bertrand Ogilvie)였다. 이 책은 20세기 프랑스 철학에 대한 오늘 외국의, 특히 일본의 청년 철학자들의 독해의 예리함, 심오함, 독창성을 분명하게 증명한다. 이런 독해를 통해 새로운 관점과 질문이 제시되고, 그 결과 격렬했던 최근의 논쟁을 재개할 수 있는 조건이 적절한 순간에 우

*) E. Balibar, "Préface", in Yoshiyuki Sato, *Pouvoir et Résistance: Foucault, Deleuze, Derrida, Althusser*, L'Harmattan, 2007. 구조주의에 대한 발리바르의 다른 글은 "Le structuralisme: Méthode ou subversion des sciences sociales?" (1996), in Tony Andréani et Menahem Rosen, eds., *Structure, système, champ et théories du sujet*, L'Harmattan, 1997; "Structuralism: A Destitution of the Subject?" (2001), *differences: A Journal of Feminist Cultural Studies*, 2003 No. 1이 있다.

리에게 제공된다. 다른 몇몇 사람과 함께 이 논쟁에 참여했고 또 그 모든 경로를 편력했다고 (아주 잘못) 생각했던 나로서는 이런 비판적 복귀와 이런 재개를 아주 기쁜 마음으로 환영한다.

사토 책의 특징은 흥미로운 내용과 훌륭한 형식에 있다. 극단적인 압축성은 주제에 대한 통달의 징표다. 동시에 논지는 명석한데, 특히 증명이 엄밀하고 구성이 견고하다. 그의 글에 사족은 전혀 없다. [그렇다면] 모든 것이 말해지는가? '포스트구조주의'를 포함하는 넓은 의미의 '구조주의'—사토는 이런 용어법의 근거를 제시한다—가 야기하는 하나의 질문, 어쩌면 그 근본적인 질문 **자체**, 즉 구조주의가 존재하는 동안 지속되고 또 그 현실성을 유지하는 질문을 제기하고 검토하기 위해 반드시 필요한 모든 것이 말해진다. 텍스트와 그 철학적 배경에 대한 지식은 완벽하다. 사토는 우선 자신의 작업의 지침으로서 이중적 비교, 즉 푸코와 들뢰즈의 비교인 동시에 알튀세르와 데리다의 비교라는 관념을 제시한다. 그런데 이런 관념은 '지배에 대한 저항의 내재성'이라는 질문과 '죽음의 충동'이라는 프로이트적 개념—정신분석학에 대한 모든 '구조주의들'의 관계에 핵심적인 개념—의 모순이라는 질문, 즉 논증 과정에서 출현하는 두 개의 역설적인 질문을 축으로 회전하면서 반복된다. 이렇게 해서 모든 진부함을 회피하고, 특히 '저항'이라는 기본적인 개념에 대한 유효한 질문을 제기할 수 있는 것이다.

사토가 구성한 도식은 그 자체로 훌륭한 구조적 성격을 갖는데, 답변을 요약하고 분류하는 데 만족하는 것이 아니라 오히려 **질문을 제기하기** 때문이다. 형식적으로 지적할 수 있는 이런 질문 중에서 어떤 것은 담론의 집합(groupement)과 관련된다. 사토는 푸코-알튀세르 집합('권력'과 '갈등'의 철학자들)에 대한 데리다-들뢰즈 집합('차이'[즉 보편성이 아니라 개별성]의 철학자들)의 동시대적인 비판적 담론의 집요함을 무시하지 않는다. 그러나 그는 그런 집합들을 횡단하는 푸코-들뢰즈 집합과 알튀세르-데리다 집합을 선호한다. 바로 이런 선택으로 인해 라캉의 담론이 차지하는 특이한 위치가 부각되는데, 그것은 저항을 사고할 수 있는 모든 가능성을 제거하는 것 같이 보이는 담론이라는 의미에서 구조주의의 가장 '전형적'인 대표라고 하지 않는 한에서 그것[구조주의]의 타자라고 할 수 있다. 사토는 이런 테제[저항에 대한 사고의 불가능성이라는 라캉의 테제]가 두 가지 상이한 차원에서 제시될 수 있다는 사실을 분명하게 고려한다. 즉 정치적 비관주의—[라캉의 말하듯이] '혁명가로서 여러분은 주인을 찾고 있다. 그래, 여러분은 주인을 갖게 될 것이다'—라는 역사적이고 심리적인 차원과 알튀세르 식으로 말하자면 '운명의 철학'—아우구스티누스를 필연적으로 연상시키는 라캉의 신조어 'extimité'가 의미하는 '중심의 탈중심화' 때문에 상징의 지배로부터 주체의 해방이 영원히 불가능한 철학—이라는 선험적(transcendantal, 초월적) 차원 말이다. 그 결과 프로이트의 텍스트에 대한 데리다와 라캉의 대립적 관계를 비범하게 독해하는 것이 가능하게 되고, 또 이런 독해는 구조에 대한 종속과 권력에 대한 종속 사이의 관계, 아니면 사토가 [구조에 대한 종속과 권력에 대한 종속이라는] 자신의 최초의 공식을 차용하는 푸코의 경우에 그런 것처럼 두 가지 종속의 동일성[이라는 질문]에 대한 열쇠를 갖게 된다. 마지막으로 동일한 형식적 도식은 그것이 야기하는 푸코-들뢰즈 관계와 알튀세르-데리다 관계의 평행성으로 인해 두 번째 경우에도 또한 두 철학자 사이의 근접한 동시에 환원불가능한 담론 사이의 대결에 의해 매개되는 일종의 '두 번째 입장'[푸코와 알튀세르/마르크스 사이의 논쟁에 후속하는 데리다와 알튀세르/마르크스 사이의 논쟁]이 중요한가라는 질문으로 귀결된다. 이런 거대한 유비에 대한 열쇠를 사토처럼 특히 버틀러의 철학에서 발견하는 것이 불가능하지는 않다. 그의 논문을 심사하면서 그녀가 특히 죽음의 충동이라는 문제설정과 구조의 우연성—종속이라는 구조의 효과의 통제할 수 없는 단절—이라는 질문 사이의 관계라는 논점에 대해 관심을 표명했던 것은 이 때문이다. 아마도 이것은 계속되어야 할 대화일 것이다.

사토의 책이 검토하는 수많은 해석적인 또 이론적인 질문 중에서 내가 새로운 참여자에게로 논쟁의 원을 확대하면서 계속 반성해 보고자 하는 두 가지 질문만 특별히 언급하고자 한다. 당연한 것이지만, 이런 두 가지 질문은 죽음의 충동—생명의 필연성인 동시에 비결정성, 보존인 동시에 파괴—과 특수하게 관련되는 '새로운 이율배반'—인과성과 자유라는 고전적인 (칸트적인) 이율배반의 강한 의미에서의 지양(relève)—이라는 심오한 관념을 매개로 해서 서로 교통한다.

첫 번째 질문은 '외부성'과 '내부성' 사이의 대립의 상대화와 관련되고, 구조주의와 그 비판적 구상의 전개에서 능동성과 수동성이라는 문제설정이 획득하는 핵심적 중요성과 관련된다. '능동적 수동성' 또는 오히려 순수하게 **반작용적**(réactif)인 '저항'의 관점을 배제하기 위해 수동성 자체를 수단으로 하는 **수동성의 초월**(au-delà)의 역설적인 가능성은 사토가 푸코적인 칸트 비판에 따라 '선험적[초월적] 시각(regard)'이라고 부른 것과 구별되는 선험성[초월성]의 새로운 형상을 묘사한다. 사토는 데리다와 관련하여 (따라서 잠재적으로는 알튀세르와 관련하여) 그것의 중요성을 연구한다. 푸코나 들뢰즈의 경우는 어떨까? 여기서 '차이[개별성]의 철학들'이라는 관념의 적합성을 재발견하고 싶은데, 수동성 그 자체가 ([극단적 폭력으로서] 잔혹과 [구조적 폭력으로서] 지배에 대한) 저항으로 생성되는 수동성의 초월, 즉 '타자로의 생성'이라는 관념이 가장 명시적인 것은 데리다와 마찬가지로 들뢰즈의 경우이기 때문이다. 이때 '저항'이라는 관념이 진정으로 일의적인가라는 질문이 제기되는 것이다.[**] 데리다의 담론—어쨌든 이 책에서 서술되는 그의 담론—이 제기하는 가장 곤란한 [두 번째] 질문에 대해서도 마찬가지인데[즉 저항의 일의성이라는 질문이 제기되는데], 재생산[구조]의 시간의

**) Robert Sinnerbrink, *Understanding Hegelianism*, Acumen, 2007; 발리바르, 「보편의 상 아래에서」(2006), 윤소영, 『일반화된 마르크스주의의 쟁점들』, 공감, 2007.

사건적[우연적] 단절이 필연적으로 해방과 정의의 출현을 가능케 하는가 아니면 억압적이고 '악마적'(démoniaque)인 또 다른 결말의 가능성을 항상 아직 내포하는가라는 것이 그 질문이다. 이것은 이율배반적인 가능성 중에서 선택하는 결단 또는 실천적 자유가 무한히(en abîme, 격자 형태로) 개입할 필요가 항상 아직 존재함을 의미할 것이다. 알튀세르가 '부재하는 원인'[즉 '구조인과성']이라는 도식의 설명에서 '과잉결정'이라는 관념과 함께 '최종심의 결정'이라는 관념을 유지했던 것은 아마도 이런 식의 '전방[미래]으로의 도피'(fuite en avant) 또는 정치적 곤란의 무한한 반복를 회피하기 위해서일 것이다. 사실 그런 최종심의 '시간은 결코 오지 않으므로', 더더구나 그것[최종심]이 마르크스주의적 전통에 따라 그에게 역사의 좋은 방향을 '보증한' 셈이다.***)

이런 형이상학적인 질문, 그러나 또한 윤리학 및 정치와 직접적으로 결합하는 질문이 확정적으로 '해결될' 수 있다고 믿는 것은 환상일 것이다. 그러나 이런 질문에 대한 사토의 명석하고도 미묘한 설명은 그 효과를 생산할 것이다. 그렇게 먼 곳(그렇지만 그렇게 가까운 곳)에서 와서 우리에게 이런 질문을 제기해준 그에게 감사를 표한다.

***) 발리바르, 「목적론 대 종말론: 알튀세르와 데리다의 유예된 대화」(2006), 『일반화된 마르크스주의의 경계들』, 공감, 2007. 또 발리바르, 「푸코와 마르크스: 명목론이라는 쟁점」(1988), 윤소영 옮김, 『알튀세르와 라캉: '프로이트-마르크스주의'를 넘어서』, 공감, 1996도 참조하시오.

헤겔의 『철학사 강의』*)

켄틴 로어

서론

헤겔의 『철학사 강의』가 오랫동안 그의 철학적 견해를 예증하는 명쾌한 인용의 원천이 되어 왔음에도 불구하고, 또 상당수의 저자가 지적해 왔듯이 헤겔에 대한 연구를 시작하는 최선의 방법이 『철

*) Quentin Lauer, "Hegel as Historian of Philosophy", in Joseph O'Malley et al., eds., *Hegel and the History of Philosophy: Proceedings of the 1972 Hegel Society of America Conference*, Martinus Nijhoff, 1974. 소제목은 조금 고쳤고 너무 긴 문단도 조금 줄였다. 클라우스 뒤징, 『헤겔과 철학사』(1983), 동과서, 2003을 참조하여 서술도 약간 보충했다.

예수회 신부인 로어의 논문은 미국헤겔학회 1972년 2차 대회 회의록에 수록된 것인데, 2000년 16차 대회 회의록의 서론에서 뒤케트는 로어의 입장에 근거하여 헤겔 철학에서 철학사의 중요성에 대해 새삼 강조하고 있다. David Duquette, ed., *Hegel's History of Philosophy: New Interpretations*, State University of New York Press, 2003. 참고로, 헤겔의 『대논리학』과 『철학사 강의』의 평행성을 강조하는 로어의 논문은 마르크스의 『자본』과 『잉여가치학설사』의 평행성을 강조하는 엥겔스의 '논리-역사주의'를 (비판적으로) 이해하는 데도 도움이 될 것이다. 에티엔 발리바르, 「'정치경제학 비판': '비판의 비판'을 위하여」(1982), 윤소영 옮김, 『알튀세르와 마르크스주의의 전화』, 이론, 1993.

학사 강의』를 연구하는 것임에도 불구하고, 우리는 철학사를 검토하면서 그가 무엇을 또 어떻게 하려고 시도하고 있는가에 대한 연구를 발견할 수가 거의 없다. 헤겔 자신이 철학사에 커다란 중요성을 부여했다는 것은 그가 강의를 아주 자주 반복했고, 강의, 특히 그 서론을 몇 번이고 반복해서 수정했다는 사실에 의해 입증된다.[1] 그럼에도 불구하고, 사후에 출판된 3권 짜리 『철학사 강의』에서 우리가 과거의 철학적 입장에 대한 학술적 해설이나 해석을 찾으려고 한다면, 그것은 헛수고일 것이다. [아리스토텔레스와 마찬가지로] 헤겔은 각각의 철학자가 말했던 바로 그것을 중립적으로 설명하는 그런 종류의 철학사가가 아니었다.[2] 오히려 그가 생각하는 자신의 과제는 『대논리학』에서 아주 정교하게 가공되는 순수 사고의 전개(Entwicklung)가 경험적으로 증명할 수 있는 철학의 전개, 즉 탈레

---

1) 불행하게도 우리는 『철학사 강의』 서론에 대한 고증판을 갖고 있을 따름인데, 이것은 헤겔의 강의 서론에 대한 [학생들의] 현존하는 모든 강의 노트를 수집한 것이다. J. Hoffmeister and F. Nicolin, eds., *Einleitung in die Geschichte der Philosophie*, in G. Lasson, ed., *Sämtliche Werke: Kritische Ausgabe*, Meiner, 1959 [부분 영역: Q. Lauer, *Hegel's Idea of Philosophy* (1971), 2nd ed., Fordham University Press, 1983; 전체 영역: *Hegel's Introduction to the Lectures on the History of Philosophy*, tr. by T. M. Knox and A. V. Miller, Oxford University Press, 1985]. 강의 본론에 대한 고증판을 기다리는 동안 우리는 그로크너가 편집한 『전집』 17-19권으로 실린 미셸레의 1833-36년 판본에 의존할 수밖에 없다. K. Michelet, ed., *Vorlesungen über die Geschichte der Philosophie*, in H. Glockner, ed., *Sämtliche Werke: Jubiläumsausgabe*, Frommanns, 1959 [1840-44년 재판 영역: *Lectures on the History of Philosophy*, tr. by E. S. Haldane and F. H. Simson, Kegan Paul, Trench, Trübner & Co. 1892-96]. 따라서 우리가 인용하는 판본이 아주 부실할 수도 있겠지만, 그러나 서론에 대한 두 판본의 비교를 통해 확인되는 내용의 실질적 동일성이 본론에 대해서도 마찬가지일 것이라는 결론을 정당화할 수 있다.

[호프마이스터-니콜린 판 『철학사 강의』 서론의 인용은 괄호 안의 아라비아 숫자고, 미셸레 판 『철학사 강의』 본론의 인용은 권수를 나타내는 로마 숫자와 쪽수를 나타내는 아라비아 숫자다. 강의록은 어차피 학생들의 필기 노트이기 때문에 굳이 원문을 대조하지 않았다.]

2) 이는 철학사에 대한 '중립적' 해설을 비판하는 『철학사 강의』 서론에서도 알 수 있다(134-5 참조).

스의 최초의 불안정한 시도부터 헤겔 자신의 체계의 가공까지의 전개에서 정확한 대응물을 갖고 있음을 증명하는 것이었다. 『정신현상학』에서 제시되는 (철학이 아니라) 의식[그 경험과 의미]의 전개에 대한 '역사적' 설명이 『대논리학』에 대한 서론으로 간주될 수 있다면, 『철학사 강의』도 마찬가지로 『대논리학』에 대한 또 다른 종류의 서론으로 간주될 수 있는 것이다. 사변적인 순수 사고가 시작될 수 있는 지점까지 의식을 전개하는 것이 아니라, 사변적 사고 자체의 전개에 대한 역사적 설명을 제시하는 서론 말이다.[3)]

철학사에 대한 헤겔의 검토에 대해 자주 제기되는 비판 중 하나는 그 자의성이다[뒤징의 『헤겔과 철학사』 참조]. 철학이 무엇인가를 결정한 다음 헤겔은 그 전개의 '계기들'을 그 체계적 구조에 대해 자신이 미리 구상한 도식에 끼어 맞춘 따름이라는 것이다. 철학적 사고의 역사적 전개가 그 논리적 전개에 대응할 것이라고 그가 이미 결심했다는 주장에는 물론 일말의 진실이 있을 수 있다. 그러나 그의 서술이 자의적이라는 것은 진실이 아니다. 철학이 헤겔이 이해하는 그런 의미에서 역사를 가질 수 있으려면, 그것은 그 전개를 통해 단일하고 동일한 것으로 식별될 수 있어야 한다. 그리고 그것 자체의 논리가 그 자신의 체계에서 가공된 바 있는 그런 종류의 전개를 요구한다면, 그가 그런 전개의 '계기들'이 역사적 과정에서 표현될 것으로 예상한다는 것은 충분히 이해할 수 있는 일이다 (132, 274-81 참조). 어쨌든 헤겔이 철학사를 개관하는 관점은 『대논리학』의 그것이다. 이것을 알아야만 우리는 역사를 통해 가공되어온 수많은 철학들에 대한 그의 해석을 따라갈 수 있다. 게다가 우리가 철학의 역사적 전개에 대한 그의 서술을 파악한다면, 『대논리학』에서 서술되는 동일한 과정을 더 잘 이해할 수 있을 것이다.

따라서 여기서 우리의 과제는 철학의 전개에 대한 헤겔의 역사적 서술을 따라가는 것이다. 방법론적 이유 때문에, 이렇게 하는 가

---

3) 따라서 『정신현상학』과 『철학사 강의』는 동일한 방식으로 '역사적'인 것이 아니다.

장 좋은 방법은 (다양한 판본으로 인해 별도로 한 권의 책을 구성하는) 그의 서론을 먼저 보는 방법일 것 같은데, 여기서 그는 우리에게 철학사에서 무엇을 추구할 것인가에 대해 말해준다. 그리고 나서 우리는 그가 무엇을 발견했다고 확신하는가를 보기 위해 3권 마지막의 결론으로 건너뛸 수 있다. 마지막으로 우리는 그가 자신이 발견하는 것을 어떻게 발견하는가를 보기 위해 처음부터 끝까지 그의 이야기를 따라갈 수 있는데, 물론 그가 발견하는 것은 대부분 그가 추구하는 것임을 깨닫게 된다.

이런 과제를 수행하면서 처음부터 우리는 헤겔에게서 역사가 일련의 사건에 대한 기록 이상임을 알아야 한다. 역사의 관심사도 역시 단순한 사건 그 자체 이상이다. 역사는 사건의 상호관계이며, 여기서 헤겔은 어떤 논리적 필연성을 탐색한다. 문제의 사건이 세계사적 사건이든 아니면 시대를 통한 철학의 성장에 기여한 어떤 철학자의 사견(*doxa*, 억견)이든 간에 말이다. 따라서 문제의 역사가 철학사인 경우에, 주관적 사견은 우연한 사건이고 그 자체로 철학의 일부는 아니다(27). 그것은 기껏해야 이성적 관념의 내부적 전개의 외부적 표현일 따름이다(100-1). 그런 통일적 전개에서 갈등적 입장들은 장애가 아니라 구체적인 변증법적 과정의 필연적 계기들이다(91). 따라서 철학은 그 자체의 생명을 갖는데, 그것은 단일하고 연속적이며, 그 다양한 표현 중 어느 것도 철학 그 자체와 동일화될 수는 없다.

『정신현상학』에서 헤겔은 우리가 감각이라고 부를 수 있는 절대적으로 최소한의 의식의 형상에서 출발하여 그 모든 전개를 추적한다면 절대지식이라는 최고의 의식의 형상에 필연적으로 도달할 것임을 증명하려고 시도한 바 있다. 이런 절대지식은 의식의 최고의 형상의 최고의 기능으로서 철학적 지식이다. 그 후 헤겔은 『대논리학』에서 철학적 지식의 모든 의미를 해석한다. 이것은 『철학사 강의』에서 그가 그 과정을 '경험적으로' 추적하는 지식이다. 물론 어떤 의미에서 우리는 단지 사고하는 개인이 존재하기 때문에 사고와 사고과정도 존재한다고 말할 수 있다. 그러나 다른 의미에서 사고는 주관적 사고활동에 참여하는 모든 개인을 초월하고 또 사고과정도 마찬가지다. 따라서 [아리스토텔레스 식으로 말하자면] 자기에 대해 사고하는 사고로서 철학은 모든 개별적 철학자와 모든 특수한 철학을 초월하는데, 이것이 그 역사의 모든 영고성쇠를 통해 재생산되는 철학의 심오한 통일성이다(120). 따라서 헤겔의 철학적 연구가 어떤 의미에서는 경험적이지만,[4] 그러나 다른 의미에서 그는 그 전개가 자신이 발견하는 그대로일 수밖에 없는 논리적 필연성을 발견한다(278).

『철학사 강의』 서론: 철학의 통일성

물론 추상적이고 형식적인 방식, 집합(class) 개념의 통일성에 대해 말하는 방식으로 철학의 통일성에 대해 말할 수 있다. 모든 철학은 철학이라는 단일한 제목으로 통일된다고 말이다. 그러나 이것은 철학의 통일성에 대해 말하면서 헤겔이 의도하는 의미가 아니다. 오히려 그는 다수성과 다양성이 본질적인 구체적 통일성에 대해 말하는데, 그런 다수성과 다양성이 문제의 통일성, "차별화된 규정들의 통일성"(30)을 구성하기 때문이다. 따라서 이런 규정들의 결합을 표현하는 철학사는 철학 그 자체와 동일한데, 철학은 정태적 통일성이 아니라 [동태적] 통일과정이기 때문이다(120). 이성적 사고가 전개되어야 한다는 것은 논리적으로 필연적이다(278). 역사적 연구는 그 과정이 실제로 이성적이었고(122; 35 참조), 게다가 역사적 전개가 논리적 전개에 대응함(34)을 증명한다.

어떤 의미에서 사고가, 심지어 철학적 사고도 어떤 주체가 하는 어떤 것임은 아주 분명하다. 그러나 헤겔에게서 이것은 사고가 단

4) 그 증거는 주어진 자료에 기록되어 있는데, 헤겔은 철학자의 저작이 철학사의 사건이라고 말한다(252-3 참조).

지 주관적 활동일 따름임을 결코 의미하지 않는다. 그런 활동은 자기에 대해(für sich, 對自的으로) 객관적 타당성을 주장할 수 없다. 물론 진정으로 이성적인 사고는 자기의 타당성을 입증하지만, 그러나 다른 어떤 사고도 그렇게 할 수는 없다. 이것이 자유롭고 자율적인 사고에 대해 말하면서 헤겔이 의미하는 것인데, 그것은 자신의 정당성, 자신의 규정성을 발견하기 위해 외부로 나갈 필요가 없다. 그러나 이런 자율성은 자동적인 것이 아니고, 장기적 전개과정, 즉 『정신현상학』에서 웅변적으로 묘사되는 바 그것을 구속하는 수많은 힘을 극복하는 과정을 통해 획득되어야 한다.

이 모든 것의 요점은 인간이 이성적 사고 속에서만 현실 그 자체를 파악할 수 있게 되고, 그가 사고 그 자체를 연구해야만 이렇게 할 수 있을 따름이라는 것이다. 철학은 바로 사고에 종사하는 사고다(83). 그것이 사고 그 자체의 필연적 의미에 대해 관심을 가질 때, 연구는 논리적이 된다. 그것이 시간 속에서 경과해 온 경험적 과정에 관심을 가질 때, 연구는 역사적이 된다(82). 두 가지 유형의 연구에서 제기되는 과제는 이성이 말하는 것을 발견해내는 것이다. 즉 논리적 연구에서는 이성이 말해야 하는 것을 발견해내는 것이고, 역사적 연구에서는 이성이 말해온 것을 발견해내는 것이다. "그러나 철학사에는 사고의 형태로 표현되어온 한에서 이성의 질문만 존재할 따름이다"(204). 그런데 사고가 이성적이라고 말하는 것은 그것이 사고 이외의 어떤 것, 즉 사고 외부의 현실 또는 권위·전통·관습에 봉사하지 않는다는 의미에서 자유롭다고 말하는 것이다(218 참조).

철학적 사고라는 관념 자체를 정당화하는 것은 물론 역사적 기능이 아니라 논리적 기능이다(93). 그러나 이런 관념이 주어질 때, 철학사가는 진정하게 자율적인 사고가 아니거나 사고과정에서 진보를 구성하는 것이 아니기 때문에 자신이 철학적으로 중요하지 않다고 생각하는 것을 설명에서 제외할 수 있다(24, 124). 게다가 '철학자'라고 불리는 어떤 사람이 이러 저러한 사고를 표현했다고 해서 그의 사고가 철학사에 통합적이 되는 것은 아니다. 어떻게 해서든 우리 자신의 사고에 여전히 통합적인 한에서만 과거의 사고가 본래의 의미에서 역사적이 되는 것이다(6; 133 참조). 철학의 과거는 계속해서 철학의 현재의 일부인 한에서만 중요하다(12-3). 또 다른 시대의 사고는 철학의 전진적 과정의 '계기들'을 구성하는 한에서만 흥미롭다(281). [철학사에서] 서술되는 철학의 '원리들'이 일면적이어서 기각될 수도 있지만, 그러나 동시에 철학 그 자체의 더 포괄적인 통일성으로 통합될 수도 있다. "따라서 일면적 원리들이 계기들, 구체적 요소들이 되어 일종의 매듭 속에 보존되는 것이 철학사에 본질적이다"(132). 어떤 의미에서 그렇게 부를 만한 가치가 있는 어떤 철학도 반박되지 않는데, 그것은 단일한 철학의 본질적 계기이기 때문이다. 다른 의미에서 모든 철학은 반박되는데, 그것은 [철학] 전체에 통합됨으로써 상이한 의미의 수준으로 지양되기 때문이다(128).

이 때문에 어떤 주어진 시점에서 철학은 그 과거 전체의 결과이고(70, 118-9, 126-7), 전개의 과정은 구체화의 과정이므로 이전의 철학은 더 추상적이고 이후의 철학은 더 구체적이다(66). 이것은 철학 그 자체가 시간의 경과 속에서 변화한다는 것을 의미하는 것이 아니라, 단지 그것이 자신 속으로 더 깊이 들어가서 더 심오하게 그 자신이 된다는 것을 의미할 따름이다(32). 철학의 과정은 필연적 과정이고, 그 전개의 각각의 역사적 단계는 그것이 출현하는 시간에 고유하며(125), 어떤 특수한 철학도 자신의 시간을 초월할 수 없더라도(144) 철학 그 자체는 어떤 시간에도 제한되지 않는다(149). 철학은 그 자신의 역사이고, 그 자신 전체인 것이다. "따라서 철학은 전개되는 체계다. 철학사도 역시 마찬가지인데, 이것이 철학사에 대한 이 강의가 설명하려는 주요한 논점, 기본적 개념이다"(33).

이제 자신이 발견할 것을 이미 알고 있는 헤겔이 왜 철학사를 연구하는 수고를 감수하는가에 대해 질문할 수 있다. 『대논리학』은 결국 사고과정의 역사적 전개에 준거하지 않고서도 그 과정을 추적한 바 있다. 『대논리학』이 [논리적으로] 필연적임을 증명한 단계들을 역사적으로 증명하는 헤겔의 방식이 자의적이라는 비판을 반박하는 것이 쉽지는 않지만, 그가 자신의 체계를 역사적 전개의 장기적 과정의 결과로 간주한다는 점을 기억해야 한다. 탈레스부터 헤겔 자신까지의 과정이 존재하지 않았다면, 『대논리학』도 존재하지 않았을 것이라는 점은 분명하다. 아리스토텔레스의 유산인 추상적 형식논리학을 보충하는 동태적 논리학의 필요성을 깨닫게 된 것은 사실 존재의 추상성을 지양하는 생성의 구체성에 대한 그의 통찰력 덕분이었다. 철학의 발생은 그 역사이고, 게다가 철학의 발생은 철학 그 자체이므로, 철학과 철학사는 동일하다(120).

따라서 우리는 체계 없이 철학사를 쓸 수 없다는 헤겔의 주장을 이해할 수 있는데, 체계가 철학사에 대한 관점이기 때문이다(261-2). 그가 하는 것은 말하자면 체계가 어떻게 그런 것으로 되는가를 역사적으로 증명하는 것이다. 첨언하자면, 각각의 철학자는 이후의 사고의 전개가 아니라 그 자신이 말했던 것을 토대로 해석되어야 한다는 헤겔의 또 다른 주장과 이런 주장이 반드시 배치되는 것은 아니다. 체계가 그 '계기들'의 의미를 표현한다고 확신하는 그가 자신의 규칙에 항상 충실했는가에 대해 의문을 제기할 수 있는 충분한 근거가 있지만 말이다. 그가 동양[중국·인도] 철학에 대해 말해야 하는 모든 것과 중세 철학에 대해 말해야 하는 대부분의 것을 이차 자료에 의존한다[5]는 사실은 차치하더라도, 그는 어떤 철학자의 말을 자신의 체계라는 프로크로스테스의 침대에 맞도록 재단하는 경향을 보인다.

그러나 헤겔의 관심은 발생의 과정 속에서 체계를 증명하는 것이므로, 또 그가 문제는 단지 자신의 체계일 뿐만 아니라 또한 철학 그 자체이기도 하다고 확신하고 있으므로, 자의적으로 보이는 그의 방식을 적어도 이해할 수는 있다. 이 때문에 우리는 헤겔이

---

5) 게다가 그는 에피쿠로스주의에 대한 자신의 지식이 루크레티우스의 자료에 의존한다는 것을 언급조차 하지 않는다.

수십 세기에 걸친 과정을 추적하는 것을 보기 전에 그가 자신의 관찰로부터 도출하는 결론을 먼저 검토할 수 있다. 이 결론이 그가 추적한 과정 전체에 대한 일종의 회고적 조명을 비춰줄 것으로 희망한다.

『철학사 강의』 결론: 철학사의 전체적 결과

강의 서두에서 헤겔이 자임한 과제는 철학적 사고를 관찰한다는 것인데, 이런 사고는 현실에 대한 설명을 이성 속에서 발견하려는 최초의 추상적 시도에서 시작하여 이성이 자기 내부에서 모든 현실을 구체적으로 발견한다는 체계적 자각으로 진행한다. 철학적 사고가 현재처럼 자기를 인식하게 되는 데는 오랜 시간이 걸렸다.

> 세계정신은 이제 이 지점에 도달했다. 최신의 철학은 이전의 모든 철학의 결과인데, 어떤 것도 상실된 적이 없었으며 모든 원리가 보존되어 왔다. 이런 구체적 관념은 거의 2500년에 걸친 정신의 노력의 결과다(탈레스는 기원전 640년에 태어났다). 즉 정신의 가장 진지한 시도의 결과, 자기에 대해 객관적이 된 결과, 자기를 인식하게 된 결과인 것이다(III, 685).

『대논리학』 서두에서 제시된 "자연과 유한한 정신의 창조 이전부터 그 영원한 본질 속에 존재하는 그대로의 신에 대한 서술"6)이라는 과제가 이제 역사를 매개로 해서 또다시 완수되었던 것이다. 철학은 정신이 자기를 인식하게 되는 과정이라고 말하는 것은 철학은 인간의 [유한한] 정신이 신이 자기를 인식하는 것처럼 신을 인식하게 되는 과정이라고 말하는 것이다. 그리고 이것은 철학에 대해 이렇게 말하는 것이다: 철학은 "필연적으로 전개과정 중의 단일한 철학이다. 즉 자기를 인식하는 그대로의 신의 계시인 것이다"(III, 686).

---

6) *Wissenschaft der Logik*, Meiner, 1963, Vol. I, p. 31.

이런 "단일한 철학"은 일련의 단계를 거침으로써, 각각의 철학적 입장의 모순을 계속해서 발견함으로써, 각각의 모순의 화해 속에서 그 자신의 통일성을 재발견함으로써 현재의 그것으로 되었다. 그런 전개를 위한 사닥다리의 다섯 단계[소크라테스 이전, 플라톤, 아리스토텔레스, 에피쿠로스주의·스토아주의·회의주의, 신플라톤주의]가 탈레스부터 신플라톤주의자까지 1000년에 걸친 그리스[및 로마] 철학의 시대에 형성되었다. 그로부터 1000년이 지난 현대의 여명기까지 새로운 단계는 형성되지 못했는데, 그 후 현대 철학을 위해 세 단계[데카르트·스피노자·라이프니츠, 칸트·피히테, 셸링]가 더 필요했다(III, 686-9). 이 모든 것은 헤겔이 왜 (서론을 제외한) 강의의 2/3를 그리스 철학에 할애하면서 나머지 1/3만을 중세 철학 및 현대 철학에 할애했는지를 우리가 회고적으로 이해할 수 있게 해준다. 어쨌든 전체적 과정은 철학이 다양성 속에서 단일한 철학으로 반복해서 표현되는 과정인데, 정신이 그 사고과정 전체를 통해서 자기를 단일하고 동일한 것으로 인식하게 되기 때문이다. "통일성 속의 대립과 대립 속의 통일성을 인식하는 것, 이것이 절대지식이다. 학문(Wissenschaft)이란 이런 것, 자기를 통한 (자기에 대한 인식에 의한) 그 전개 전체 속에서 이런 통일성을 인식하는 것이다" (III, 689).

따라서 철학사 강의를 통해 우리는 단일한 철학만 존재하고, 그 과정은 그 다양한 단계의 논리적 필연성을 표현하고, 이후의 단계는 이전의 단계의 중요한 모든 것을 보존하고, 따라서 철학에는 후퇴가 아니라 전진의 운동만 존재할 수 있음을 배웠던 것이다.

> 철학사의 전체적 결과는 다음과 같다. 1) 시간 전체에 걸쳐 단일한 철학만 존재하고, 철학의 동시적 차이는 단일한 원리의 필연적 측면을 구성한다. 2) 철학적 체계의 순서는 우연한 것이 아니라 이 학문의 전개의 필연적 진보를 표현한다. 3) 어떤 시점에서 최신의 철학은 이런 전개의 결과이고, 진리는 정신의 자기의식이 자기에 대해 갖는 최고의 형태를 갖는다. 따라서 최신의 철학은 선행하는 철학들을 포함하고, 모든 수준들을 포괄하며, 이전의 모든 철학들의 생산물이자 결과다.

> 우리는 이제 플라톤주의자일 수 없다. 우리는 a) 특수한 사견, 사고, 반론, 곤란의 사소함을 극복해야 하고, b) 자신이 특별히 중요한 의미를 갖는 방식으로 사고하는 척하는 [낭만주의적] 허영을 포기해야 한다. 내부의 실체적 정신을 파악한다는 것이 개인의 입장이지만, [그러나] 전체 내부에서 개인은 마치 맹인과 같고 내부의 정신이 그를 추동하기 때문이다(III, 690-1).

물론 우리가 진리는 달성될 수 있고 또 인간의 사고는 그럴 능력을 갖고 있다는 확신을 갖지 않았다면, 철학은 시작될 수 없었고 더구나 철학사는 시작될 수 없었을 것이다. 헤겔은 "철학의 최초의 조건은 우리가 진리를 확신하고 정신의 능력을 신뢰한다는 것이다"(5-6)라고 말한다. 그는 더 웅변적인 어조로 다음과 같이 계속한다.

> 인간은 정신이므로 자신을 최고의 가치로 간주해야 한다. 그가 자신의 정신의 위대함과 능력을 과대 평가할 수는 없으며, 이런 신념이 있을 때 그것[정신] 자체를 자신에게 드러내지 않는 것보다 더 곤란한 일은 없을 것이다. 처음에는 은폐되어 있던 우주의 존재는 용기 있는 지식의 추구에 저항할 수 있는 능력이 없으므로, 그런 추구자 앞에 자신을 드러내야 한다. 즉 자신의 풍부함과 심오함을 그의 눈앞에 펼치고 그가 향유할 수 있도록 그에게 주어야 한다(6).

그러나 이런 신념은 오랜 시간 동안 지속되는 것이다. 개별적 철학자들의 계속적 노력을 통해 사고의 능력이 전개될 때, 비로소 그것이 실제로 드러내는 그런 풍요함을 볼 수 있는 것이다. 『철학사 강의』에서 헤겔이 추적하는 것은 바로 이런 전개인데, 그것은 우주의 신비에 대한 사고의 최초의 자율적 응용에서 시작하여 2500년 이후에야 비로소 시작부터 모든 것을 포함하고 있었던 이성 그 자체의 심오함으로 투신하지 않고서는 이런 신비를 인식할 수 없음을 자각하게 된다. 어쩌면 단지 근사적으로만 접근할 수 있을 뿐인 최종적 목적은 신처럼 현실 전체를 보는 것이다. 신이 자기를 보는 것처럼 현실 전체를 본다는 말인데, 이것이 헤겔이 『대논리학』에서 파악하게 된 바로 그것이다.

『철학사 강의』 본론: 철학사의 세부 사항

헤겔이 어떻게 철학의 전개를 계속 추적하는가를 보기 위해서는 물론 『철학사 강의』 3권 전체를 의역하듯이 해설할 수도 있을 것인데, 이것이 무익한 과제는 아니겠지만, 그러나 헤겔 자신의 말에 첨언한다는 것은 얼마간 문제가 있다. 더 용이하고 장기적으로 더 교육적인 접근법은 헤겔이 철학사에서 발견한 주요한 전개의 일부를 선택하여 그가 어떻게 그런 전개를 그 추상적 시작부터 그 구체적 완성까지 추적하는가를 설명하는 것이다. 목록을 너무 길게 만들지 않기 위해 아마도 우리는 사고가 현실 전체와 교통할 수 있는 자신의 능력을 전진적으로 인식하게 되는 몇 가지 현저한 전개에 국한할 수 있을 것이다.

1) 첫 번째 전개는 전진적으로 더 자율적이 되는 사고의 성격, 자신의 주장을 정당화하기 위해 외부에 준거할 필요가 없다는 사고의 전진적 자각에서 발견될 수 있다. 2) 둘째, 사고가 그렇다고 주장하는 것이 감각이 그렇다고 수용하는 것보다 더 현실적이라는 전진적 자각이 존재한다. 3) 이것과 긴밀하게 관련되는 것은 현상적으로 대립하는 사고와 존재의 전진적 동일화인데, 이것은 '사변적' 사고에서 완성되는 대립물의 전진적 화해를 통해서만 실현된다. 4) 이런 방식으로 전개되는 사고는 존재와 사고의 일차적 범주가 실체가 아니라 주체[또는 '주체로 생성하는 실체']라는 전진적 자각에 의해 조건지어진다. 5) 마지막으로 개별적 사고의 주관성은 사고 그 자체의 보편성과의 동일화에 의해 구체화되지 않는다면 단순한 사견과 마찬가지로 자의적일 따름이다. 이런 각각의 전개는 앞으로 볼 것처럼 『대논리학』에서 비로소 발견되는 체계적 완전성에서 정점에 도달한다.

철학적 사고의 자유

서론에서 헤겔은 사고의 자유가 시작되는 곳에서, 즉 인간 자신(철학자)이 자유로운 곳에서만 철학이 시작된다고 말한다(225-7). 따라서 그는 사고의 자유와 정치적 자유를 연결시킴으로써 동양 철학에 철학적 중요성을 부여하는 것을 거부하는 자신을 정당화하는 동시에 철학의 시작을 그리스 폴리스에 위치짓는다. 동양철학(또는 관련해서 동양의 정치생활)에 대한 헤겔의 해석의 정확성에 의문을 제기하는 것도 당연하지만, 그러나 당대의 서양 철학의 원천을 서양에서만 추구하려는 그의 결정을 적어도 이해할 수는 있다. 어쨌든 헤겔은 자유로운 인간만이 철학할 수 있고(I, 183-4), 또 동양인의 유산에 대한 그리스인의 기여가 바로 철학을 가능하게 만든 자유라고(I, 188) 확신한다.

여기서 중요한 논점은 물론 사고 그 자체가 자유롭다는 것인데, 그런 자유는 엘레아 학파와 함께 사고가 표상·가상(Vorstellung)에 대한 의존에서 벗어나 "자기에 대한"[對自的] 사고가 될 때 시작된다(I, 300). 여기서 우리는 사고의 변증법적 성격을 발견한다고 헤겔은 말한다(I, 296). 그러나 개인 그 자신이 자유롭지 않다면 자유는 무의미한 개념인데, 개인의 주관적 자유가 형성되기 시작하여 개인이 자기에 대해 사고하도록 최초로 격려된 것은 아테네(아테나이)에서 소피스트가 출현하면서부터다(I, 400-2). 여기서 개인이 "자신이 분명하게 인식하는 것, 자신의 이성 속에서 발견하는 것만의 타당성을 [자유롭게] 승인한다"는 것이 원리가 된다(II, 20). 그러나 소피스트에게서는 이성적으로 말하는(räsonierend) 사고의 주관적 자유는 최소화되고, 소크라테스에게서 비로소 개인이 그 자신의 사고, 즉 사고의 생산에 대해 책임을 지도록 요구된다(II, 20).

> 소크라테스적 원리에 대해 말하자면, 사고의 첫 번째 특징, 아직 형식적일 따름이지만 중요한 특징은 의식이 자기로부터 진리적인 것을 생산하므로 그 기능은 바로 그것을 생산하는 데 있다. 이것이 주관적 자유의 원리, 즉 의식이 자기를 지향한다는 원리다(II, 71).

플라톤과 사고의 전개에서 그의 기여에 대해 많은 것을 말하는 헤겔은 주관적 자유의 문제와 관련해서는 그를 소크라테스와 구별하지 않는다.[7] 이 문제와 관련해서 그가 플라톤에게서 별로 발견한 것이 없다는 것은 [아리스토텔레스와 마찬가지로] 그가 플라톤의 신화론의 논점을 이해하지 못했다는 사실과 당연히 관련되는데(54-5), 신화를 단지 교육적 수단으로 간주하는 그는 일단 개념이 충분히 전개되면 사고가 더 이상 그것에 의존할 필요가 없다고 생각한다(II, 189). 개념을 이 지점까지 전진시킨 것은 바로 아리스토텔레스다. 따라서 그에게서 사고는 자유로운데, 그것이 그 대상의 현존, 즉 감각 속에서 물리적 현존이나 표상 속에서 가상적 현존에 의존하지 않기 때문이다(II, 377).

아리스토텔레스와 현대 초기의 주체적[주관적] 원리의 출현 사이의 중간 시기에서 사고의 자유에 대해 헤겔이 말해야 하는 것을 이해하려면, [에피쿠로스주의를 무시하면서] 스토아주의와 회의주의와 불행한 의식을 검토하는 『정신현상학』으로 되돌아가는 것이 좋을 것이다. 이성을 초월하는 원리를 위해 자유를 포기한다는 점에서 철학적 의식이라기보다 오히려 종교적 의식인 불행한 의식이 중세 전체를 특징짓는다고 생각하기 때문에 헤겔은 이 시기를 거의 무시한다. 이와 관련해서 흥미롭게도 그가 철학적 영역이 아니라 종교적 영역에서 주관적 자유가 다시 도입된다고 생각한다는 사실에 주목할 수 있는데, 정신의 자유에 대한 루터의 주장에 따르면 이성은 외부의 권위가 아니라 자기에 대해서만 책임을 지기 때문이다(III, 255).

사고는 사고에만 의존한다고 주장하는 본래적 의미에서의 현대 철학은 데카르트에게서 시작한다. 진리의 증거가 의식 그 자체에서 발견될 수 있다는 의미에서 우리가 진리로 인정하는 것은 우리 자

7) 그러나 그는 [신플라톤주의적 해석에 따라] 플라톤의 가장 위대한 대화록[파르메니데스·제논·헤라클레이토스를 종합하는 '변증법의 걸작']이라고 평가하는 『파르메니데스』를 많이 활용한다.

신의 자유로운 사고의 생산물임을 명시적으로 주장하는 것은 바로 데카르트다(III, 338). 데카르트와 칸트 사이의 시기에 대해 헤겔이 많은 것을 말하지만, 그러나 사고의 자유와 관련해서 그는 이 시기에 데카르트적 원리를 넘어서는 전진이 거의 없었다고 생각한다.

그러나 칸트와 함께 중요한 변화가 발생하는데, 사고의 자율성을 가장 정력적으로 주장한 것은 바로 그이기 때문이다. "칸트 철학에서 진리적인 것은 그 자체로(an sich, 卽自的으로) 구체적인 것, 자기결정적인 것으로서 사고에 대한 파악이다. 이렇게 해서 자유가 인정되는 것이다"(III, 552). 그러나 헤겔은 아마도 자신이 검토하는 다른 어떤 철학자보다 더 칸트를 비판할 것이다.[8] 그 이유는 헤겔의 비판 개념 자체에서 발견될 수 있을 것이다. 칸트는 "아주 가까우면서도 그러나 아주 먼데", 비판의 과제는 어떤 철학사를 반박하는 것이 아니라 그 자신의 원리가 어떻게 전개될 필요가 있는지를 증명하는 것이다.[9] 칸트에게서 이론적 이성은 진정으로 자율적이지 않은데, 사고의 내용은 감각적 직관에 의존하면서 그 형식만을 생산하기 때문이다(III, 588-9). 철저하게 자기결정적인 실천적 이성만이 자유로울 따름이다(III, 590-1).

칸트보다 더 "사변적"인 피히테는 절대적 개념으로서 자아['나']의 자기전개에서 자유에 대해 더 많이 주장한다(III, 615; 618 참조). 그러나 자유는 아직 형식적인데, 개념 그 자체의 자기전개가 아니라 주체에 의한 대상의 전진적 규정이기 때문이다(III, 637). 반면 셸링에게서 모든 지식은 주체의 내부적 활동에 의해 생산되지만(III, 653), 그러나 그 양태는 순수한 사고가 요구하는 "논리적" 전개(III, 662)가 아니라 오히려 [낭만주의적인] "지적 직관"(III, 654)일 따름이다.

---

8) Q. Lauer, "Hegel's Critique of Kant's Theology", in Robert Roth, ed., *God Knowable and Unknowable*, Fordham University Press, 1973, pp. 85-105 참조.

9) *Logik*, Vol. II, pp. 217-8.

사고의 객관성

헤겔이 사고에 대해 말할 수 있는 모든 것이 그것의 자유라면, 그는 실제로 별로 말한 것이 없을 것이다. 사고의 진리가 그 자유보다 훨씬 더 중요한데, 물론 진리의 조건이 자유이기는 하다. 헤겔은 이것에 대해 확신했지만, 달리 말하자면 사고가 완전히 자율적일 때만 진리적이라고 확신했지만, 그러나 그는 [자유라는 사고의] 조건과 [진리라는 사고의] 보증 사이의 차이에 대해서도 분명하게 인식했다. 동시에 그는 사고가 아닌 것에 대한 의존을 더 많이 제거할수록 사고가 현실을 더 확실하게 파악한다고 논리적으로 또 역사적으로 확신했다. 간단히 말해서, 그는 사고가 의식의 다른 형태가 할 수 없는 방식으로 현실을 파악할 수 있고, 사고의 순수성이 감각적 직관이 할 수 없는 방식으로 객관성을 강화한다고 확신했다. 달리 말하자면, 이성이 말하는 것은 그것에 반대하는 증거가 무엇이든지 간에 진리적이라는 것이다. 따라서 사고의 역사를 검토하는 시작에서부터 헤겔은 감각에서 이탈하여 사고를 지향하는 모든 운동을 발견하고 또 강조할 것이다.

이것은 이오니아 학파의 물질론적[유물론적] 원리에 대한 그의 해석에서 입증되는데, 그것은 감각이 아니라 사고의 대상이라고 그는 말한다. 게다가 이미 검토한 것처럼 엘레아 학파는 현실의 표상·가상이 아니라 개념에 관심을 갖는다(I, 296). 파르메니데스는 감각이 아니라 사고에서 진리적 존재를 인식하고(I, 312), 순수한 사고에 몰두하는 제논은 "변증법의 대가[발견자]"다(I, 318). 이 때문에 헤겔은 [제논이 '역설'의 형태로 제시하는] 어떤 종류의 "감각적 해답"(*solvitur ambulando*, it is solved by walking)도 운동을 부정하는 이유[이성]에 대한 대답으로 인정하지 않는데, 이성은 감각의 증거가 아니라 이성에 의해서만 반박될 수 있기 때문이다(I, 330).

헤라클레이토스도 역시 이성이 요구하는 것에 대해 말한다. "이제 헤라클레이토스는 절대자 그 자체를 사고의 이런 과정, 변증법

그 자체로 인식한다"(I, 344). 사실 헤라클레이토스에게서 헤겔은 자신이 (그것도 『대논리학』에서!) 동의할 수 없는 것은 아무 것도 발견하지 못하는데(I, 344), 헤라클레이토스가 존재의 진리는 생성에 있음을 인식했기(I, 348-9) 때문뿐만 아니라 또한 그가 보편화된 의식만이 진리적임을 인식했기(I, 367-8) 때문이기도 하다. 따라서 본래적 의미에서 철학은 헤라클레이토스에게서 시작한다. "철학이 존재하기 시삭한 것은 그로부터다. 그것은 플라톤의 관념이나 아리스토텔레스의 형태와 마찬가지로 현재에 이르기까지 모든 철학자에게서 여전히 동일한 지속적 관념이다"(I, 362). [데모크리토스의 스승인] **레우키포스**조차 원자를 사고의 대상, 즉 감각적이 아니라 관념적인 대상으로 인식했고(I, 385), 특히 [헤라클레이토스와 데모크리토스를 매개하는 동시에 소크라테스가 사숙한] 아낙사고라스는 누스(*nūs*, 이성·정신) 개념을 이용하여 순수 사고를 철학의 근본원리로 만들기 위한 거대한 일보를 내디뎠다(I, 397; 408 참조).[10]

사고 속에서만 현실이 진리적으로 파악되므로(II, 218-9) 가장 현실적인 것(*to ontōs on*)은 관념적인 것으로 인식된다고(II, 224) 인정한 것은 물론 **플라톤**이다. 이 때문에 헤겔이 보기에 최초로 철학을 학문으로 만든 것은 플라톤이다. "플라톤에게서 학문으로서 철학이 시작된다"(II, 169). 또한 플라톤은 감각적 실존자가 아니라 그 자체로 규정된 보편자만이 진리적이고(II, 199), 또 이 보편자는 철학자의 사고일 뿐만 아니라 또한 존재의 진리 자체이기도 하다고(II, 200) 최초로 명시적으로 말한다. 이런 노선에 따라 헤겔은 자신의 동시대인들과 반대로 **아리스토텔레스**를 통상적인 의미의 "경험주의자"(II, 311-2)가 아니라 [스승보다 "훨씬 더 사변적인"] 플라톤의 진정한 후계자(II, 301)로 간주한다. 존재의 진리를 [플라톤과] 마찬가지로 개념에서 발견하는 아리스토텔레스는 자신이 관찰하는 것에서 개념을 발견하는 한에서만 경험주의적이라는 것이다(II, 312-

10) 헤겔은 [다음 항에서 설명할 아리스토텔레스와의 관련 속에서] 누스 개념이 목적론적이라고 얼마간 자의적으로 해석한다(I, 411-3).

3; 340-1 참조). "빈 서판"(*tabula rasa*) 이론을 완전히 오해할 때만 아리스토텔레스가 다른 것을 말한다고 해석할 수 있는데, 그러나 빈 서판에 글씨를 쓰는 것은 외부에서 오는 것이 아니라 사고 그 자체의 활동이다(II, 386-7).

플라톤과 아리스토텔레스에게서 감각에 대한 사고의 우위가 분명하게 확립되었기 때문에, 이후의 시기에 그것은 단지 사소한 후퇴를 경험할 따름이었다. 그러나 헤겔이 보기에 여전히 남아 있었던 과제는 사고가 보편적 원리가 되어 현실 전체를 파악해야 한다는 것이었는데, 달리 말하자면 철학이 '체계'가 되어야 한다는 것이었다. 그것이 아리스토텔레스의 사고에 이미 잠재적으로 존재하고 있었지만, 그러나 헤겔은 자신의 체계에 의해서만 철학이 그것을 가질 따름이라고 생각한다. 왜 체계가 그렇게 오랫동안 잠재적으로만 존재할 따름이었는지 또는 왜 철학이 잠재적인 통일성을 실현하기 위해 헤겔을 기다려야 했는지에 대해 그는 설명하지 않는다.

어쨌든 **스피노자**가 자기원인(*causa sui*)으로서 실체를 통일적 원리로 조정(措定)하면서 비로소 철학은 아리스토텔레스 이후의 단계로 진입했다(III, 372). 말하자면 스피노자가 철학의 새로운 시작을 대표한다는 것인데, 이런 의미에서 현대 철학은 스피노자적 관점에서 진행되어야 한다. "이렇게 볼 때 사고가 스피노자주의의 관점을 채택해야 했다고 일반적으로 말해야 한다. 이것은 모든 철학의 본질적 시작이다"(III, 376). 그러나 절대적 실체가 진리적 원리라고 하더라도, 그것이 완전한 진리적 원리인 것은 아니다. 그것은 활동해야 하는데, 그렇게 하려면 [본질적으로 또는 진리적으로] 주체이기도 한 실체, 즉 정신이어야 한다(III, 377).

감각을 강조하는 **로크**와 **흄**은 이런 과정에서 지양해야 할 부정적 계기를 구성한다(III, 417-8, 495 참조). 반면 **라이프니츠**는 감각적 존재가 아니라 사고의 존재가 본질적 진리임을 인식하지만(III, 449), 그러나 그의 원리[모나드론]는 절대적 통일성이 아니라 절대적 다수성이므로 사고의 세계는 전개되지 않은 채로 남아 있다(III, 470).

칸트는 사고의 자기 정당화에 호소함으로써 감각에 대한 경험주의적 강조를 극복하려고 시도한다(III, 558). 반면 피히테와 셸링은 절대적 주체의 통일성을 주장함으로써 라이프니츠의 절대적 다수성을 극복하려고 시도한다(III, 627-8, 683 참조). 그러나 이 세 철학자는 모두 전체의 구체적 통일성을 달성하는 데 실패하는데, 각자의 통일적 원리가 형식적일 따름이기 때문이다(III, 554-5, 637, 681 참조).

그러나 이상의 설명은 전개 과정의 또 다른 측면, 헤겔이 "구체화"라고 부르는 존재와 사고의 전진적 동일화라는 측면으로 우리를 인도한다.

사고와 존재의 동일성

헤겔은 『대논리학』에서 논리학(철학)은 사고가 최초로 사고하는 것에서 시작해야 한다고 말하는데, 그것이 바로 존재다. 논리학은 사고가 사고하는 것은 자기이므로 사고하는 사고와 사고되는 존재가 동일함을 전진적으로만 자각하게 된다. 헤겔은 동일한 것이 철학사에서도 전진적으로 표현됨을 발견한다. 외견상 존재와 사고는 동일하지 않을 뿐만 아니라 또한 대립하기도 한다. 사고되는 것은 사고에 대립하여 저기에 서있는 것(Gegenstand)이다. 그러나 헤겔이 지지하는 변증법적[더 정확히 말하자면 사변적] 사고에서는 대립[더 정확히 말하자면 상보적 대립으로서 모순]을 발생시키는 동시에 화해시키는 것이 바로 사고의 기능인데, 변증법적 대립물이 일면적 추상화일 따름이 아니라 진리적일 수 있으려면 그렇다고[대립적이라고] 서로에게 말해져야 함을 사고가 전진적으로 자각하기 때문이다.

『대논리학』으로 되돌아가 보면, 존재만을 사고하는 것은 그 대립물인 비존재[무]에 의해 보충되어야 하는 추상화에 대해 사고하는 것이다. 상호 대립하는 존재와 비존재는 추상화이며, 생성 속에서 구체화될 것을 요구한다. 게다가 존재와 비존재의 통일성과 관련되는 모든 것에 대해 사고하는 것(『대논리학』의 '존재론' 전체)은 사고 속에서 존재하는 그대로의 그것[모든 것], 즉 그것의 단순한 존재에 대립하는 바의 그것[모든 것]에 대해 사고하는 것('본질론')이다. 그러나 사고와 얼마간 구별되는 것으로서 사고의 내용에 대해 사고하는 것은 여전히 또 다른 수준의 추상화에 머무는 것인데, 이 것은 사고하는 것 그 자체가 사고에 대해 사고하는 것('개념론')임을 자각하는 것으로 완성되어야 (구체화되어야) 한다. 따라서 철학은 이미 검토한 것처럼 "자기에 대해 종사하는 사고"로 특징지어질 수 있다(83). 철학사는 사고하는 것 그 자체가 사고에 대해 사고하는 것이고 어떤 것을 알려고 노력하는 것이 사고 속에서 그것을 찾는 것이라는 전진적 자각을 표현할 것이다. 이렇게 하는 것이 진정으로 '사변적'인 것인데, 철학적 개념이 그 반대물을 생산함에 따라 이런 [사변적] 성격이 철학적 사고를 점점 더 특징짓는다.

철학적 사고는 본질적으로 사변적인데, 이는 시작부터 그것이 사변적으로 되는 과정 속에 있다는 의미다(I, 204, 213). 그러나 파르메니데스에게서 비로소 사변적 사고를 특징짓는 그런 대립이 명시적이 되는데, 그러나 그 자신은 이것을 의식하지 못한다. "따라서 파르메니데스에게서 존재와 비존재의 대립이 더 규정적으로 표현되는데, 그러나 아직 의식되지는 못한다"(I, 308). 제논은 순수한 사고의 이런 운동을 훨씬 더 명시적으로 만든다(I, 318, 320, 325-6). 따라서 헤겔이 볼 때 실제로 제논은 운동을 부정하는 것이 아니라 그것이 어떻게 개념화되어야 하는가를 증명하려고 시도할 따름이다(I, 334). 그러나 소크라테스 이전에 가장 분명하게 사변적인 철학자는 헤라클레이토스인데, ['난해인'이라는 별명처럼] 그를 이해하기 곤란한 것은 바로 이 때문이다(I, 348). 존재와 비존재가 단지 추상화일 뿐이고 생성으로 구체화될 따름이라는 것을 인정한 것은 바로 그다(I, 348-9).

여기서 분명해지기 시작하는 것은 대립이 존재하는 경우에만 조화가 존재할 수 있다는 것인데(I, 352-3), 그러나 사고와 존재가 진정으로 상호 조화를 달성하는 철학에서의 전환은 소크라테스에게서 발생한다(II, 122-3). "소크라테스에게서 존재하는 모든 것은 사고를 통해 매개된다는 의식이 발생했다"(II, 45). 즉 존재에 대해 무엇인가를 말할 수 있는 것은 사고를 통해서일 따름이라는 것이다.

플라톤의 진정한 위대함은 그의 사고가 그것이 사고하는 존재의 대립적 규정을 통일시키는 의식적 방식에 있다(II, 237). 플라톤 철학의 특징은 초감각적인 이성적 세계를 향한 그 지향, 정신적 영역으로의 의식의 고양이므로 이성은 사고에 고유한 초감각적이고 정신적인 형태를 취한다(II, 236). 그 결과 이런 형태의 이성이 의식에게 중요해져서 의식으로 진입하고, 의식은 이것에서 확실한 토대를 발견한다(II, 170). 플라톤에게서 "즉자-대자적으로 진리적인 것"(*to ontōs on*)은 관념적인 것이다(II, 211).

아리스토텔레스는 개념과 그 실체의 동일성[즉 '주체로 생성하는 실체']을 주장함으로써 이것을 훨씬 더 명시적으로 만든다. "대상은 나에 의해 주관적으로 사고된다. 따라서 나의 사고는 사물의 개념이고, 이것이 사물의 실체다"(II, 333). 달리 말하자면, 현실의 "실체적" 진리는 다른 곳이 아니라 바로 사고 속에서 발견된다는 것이다. 따라서 아리스토텔레스의 "존재론"은 헤겔의 "논리학"과 동일한 수준에 있고(II, 319), 아리스토텔레스의 [형식]논리학은 그 자신의 사변적 철학이 아니라 유한한 오성의 기능인 그런 종류의 [경험적] 학문에 적합하다(II, 413-5). 아리스토텔레스의 사변적 철학은 『형이상학』에서 제시되는 "운동하지 않는 운동의 원인"(*noēsis noēseōs*, unmoved mover)[즉 운동의 목적]에 대한 이론에서 그 절정에 도달하는데, 헤겔은 이것을 [자기에 대해] 사고하는 사고로 해석한다(II, 328-30; 391 참조). 이런 사고의 사고만이 유한자와 무한자를 화해시킨다는, 즉 그 자체로는 유한할 따름인 어떤 존재를 무한하게 만든다는 철학의 가장 중요한 기능을 허용한다. "철학에서 위대한 유일한 것은 무한자와 유한자의 결합이다"(II, 516).

이 모든 것에서 철학은 의식에게 무매개적으로 현존하는 것은 진리적 존재가 아니고 사고를 매개로 현존하는 것만이 진리적 존재라는 것을 전진적으로 자각하고 있다. 『정신현상학』에서 헤겔이 풍부하게 예증하고 있듯이, 무매개적인 것은 필연적으로 모순과 결부되는데, 단지 사변적 사고만이 이것을 해결할 수 있다. 아리스토텔레스 이후에 철학은 이것을 전진적으로 의식하게 된다. 일반적으로 말해서 단순한 형식주의일 따름인(II, 454-5) 스토아주의는 무매개적[감각적] 사고가 진리를 생산하지 못하고, 로고스에 대응하는 사고, 즉 이성적(사변적) 사고만 그렇게 한다는 것을 자각한다(II, 447). 그러나 이성적 사고의 매개성은 바로 현실을 최초로 의식하는 무매개성의 부정이다. 물론 이런 종류의 부정이 [단순한] 주장처럼 긍정이기도 함을 인정하는 것이 중요한데, 단순한 주장을 진리적으로 그러한 것으로 규정하는 것은 이런 인정이다. 헤겔은 이것을 인식한 공을 [헬레니즘적 유다 철학자] 필론에게 돌린다. “필론은 존재의 대립물[비존재]이 존재만큼이나 긍정적임을 올바르게 통찰했다”(III, 25). 이것을 인정한다는 것은 “사변적으로” 사고한다는 것인데, 헤겔은 [플로티노스의 제자인] 프로클로스에게서도 이것을 발견한다(III, 72). 달리 말하자면, 사고가 현실을 사고하면서 필연적으로 사고하는 것은 현실에 대해서도 그러하다는 것인데, 헤겔은 또다시 플로티노스에게서 이것을 발견하고(III, 53-4), 기이하게도 프로테스탄트 신학보다 중세로부터 유증된 가톨릭 신학에서 이것을 더 많이 발견한다(III, 259).

그러나 데카르트에게서 비로소 사고를 통해서만 현실에 대해 진리적으로 말할 수 있다는 원리가 명시된다. “올바르게 또 분명하게 사고되는 것은 그러하다. 사물에 대해 현실적으로 진리적인 것을 사고 속에서 경험한다는 것이 그렇게 표현된다”(III, 354). 그러나 불행하게도 데카르트가 말하는 사고는 추상적이고, 자기를 구체화할 수 없으며, 따라서 구체화하기 위해서는 경험을 필요로 한다(III, 364). 반면 모든 규정이 부정이라는 것, 즉 사고의 기능이라는 것을 인정하는 스피노자는 사고를 자기규정적이고 따라서 자기구체화적인 것으로 인식한다(III, 374-5). 이 때문에 그는 모든 현실을 대립적 계기들의 통일인 절대적 실체 아래 통일시킬 수 있다(III, 372). 의미심장하게도 이 절대적 실체는 "자기원인"(*causa sui*)인데, 즉 자기 자신을 그 효과로 갖는데, 사고만이 이렇게 할 수 있다(III, 379).

이것의 정반대는 로크에게서 발견되는데, 그는 사고의 타당성을 그것의 내용이 아니라 그것을 도출하는 방식으로만 판단한다(III, 424). 이것은 논점을 완전히 오해하는 것이라고 헤겔은 말한다. "우리 안에 있는 것이 진리적인가라고 질문하는 것은 완전히 다른 질문이다. 그것[우리 안에 있는 것]이 어디로부터 오는가는 이 질문에 전혀 답변하지 못한다"(III, 428). 뉴튼이 대표하는 경험주의자들을 속이는 것은 그들이 사물을 다룬다는 확신인데, 진실은 그들이 개념을 다룬다는 것이다(III, 447). 사고의 형태뿐만 아니라 또한 그 내용도 사고의 생산물임을 인정해야 하는데(III, 481), 이는 『정신현상학』에서 알 수 있듯이 이성이 그 자체로 현실 전체의 의식임을 자각하는 것이다(III, 484).

칸트가 출현하면서 철학은 사고와 존재의 통일성을 파악한다는 본질적 과제를 수행하기 시작한다.[11] "철학의 과제에 대한 규정은 자신의 기본 관념으로서 사고와 존재의 통일성 자체를 자신의 대상으로 만드는 것으로 귀결되고 또 이런 관념을 파악하는 것, 즉 가장 내부적인 필연성으로서 개념을 파악하는 것으로 귀결된다"(III, 535). 이런 과제를 달성하는 데 칸트가 크게 기여하지만, 그러나 헤겔은 칸트가 지식의 내용보다는 오히려 그 능력(faculty)에 대한 관심으로 인해(III, 555) 사고를 그것에게 제시된 다양성을 통일시키는 과정, 그러나 사고가 제공하는 통일성의 형태가 여전히 다양성에 대해 외부적인 과정으로 파악한다고 확신한다. 따라서 존재와 사고의 진리적 통일성은 아직 달성되지 않는다는 것이다(III, 558).

---

11) 흄은 주로 칸트의 출발점을 제공한다는 점에서 역사적으로 중요하다(III, 493).

칸트에게서 이성은 사고를 구성하는 것이 아니라 단지 규제할 따름이기 때문에(III, 560), 그것은 개념에게 내용을 부여하기 위해 개념에게 외부적인 경험에 의존한다(III, 561). 그 결과 칸트는 과정 중의 현실이 사고 속에서 표현하는 모순을 화해시키는 데 성공하지 못하고, 그런 모순을 유한한 이성의 부적합성으로 귀속시킬 따름이다(III, 583).

이미 검토한 것처럼, 헤겔에게서 피히테는 칸트를 넘어서는 전진을 의미하는데, 그의 사고가 더 사변적이기 때문이다. 즉 그것은 절대개념의 자기전개를 요구함으로써(III, 615) 모든 사고와 모든 존재의 통일성의 달성을 시도한다(III, 619). 그러나 피히테는 자아가 사고의 과정에서 그 대상을 전진적으로 규정하도록 하기 때문에, 존재와 사고의 간격을 메우지 못한다(III, 637). 셸링은 자연을 완전히 정신화하여 자연 전체가 사고 속에 현존하게 함으로써 올바른 방향으로 한 걸음을 내딛는다(III, 651). 셸링에게서 "자연의 진리, 자연 그 자체는 사고의 세계다"(III, 683). 따라서 그는 내용이 더 구체적인 사고를 제시하지만, 그러나 과정 전체를 개념이 자기 외부로 나갈 필요가 없는 것으로 만드는 데는 실패한다(III, 683).

현실의 완전한 통일성이 어떻게 개념 속에서 달성되는가를 증명하는 것은 철학사에서 헤겔의 과제가 아니다. 이것은 『대논리학』의 작업인 것이다. 그러나 그가 제시하는 역사는 『대논리학』이 시도하는 것을 더 분명하게 만든다. 마찬가지로 주체적 활동으로서 사고의 과정은 주체 그 자체의 전진적 실현을 요구한다. 헤겔은 『정신현상학』에서 이것을 시도하지만, 그러나 철학사는 또다시 『정신현상학』의 시도를 분명히 하는 데 도움이 된다.

주체성으로의 운동

철학적 사고의 역사적 전개에 대한 이상의 설명은 주체성[주관성]의 질문에 대한 헤겔의 검토를 부연할 필요성을 제거한다. 일반적으로 말해서 (데카르트부터 시작하는) 현대 철학은 사고의 대상보다는 오히려 그 주체를 강조함으로써 이전의 철학과 구별된다. 그러나 헤겔은 사고하는 주체에 대한 사고의 전진적 지향을 고대 세계까지 소급한다. 사실 그는 주체에 대한 점증하는 강조를 철학에서의 진보의 조건으로 만드는 것이다.

그는 이런 운동이 이미 **소피스트**에게서 표현되었음을 발견하는데, 소피스트가 교육에 대한 관심으로 인해 배움이 사고하는 주체의 내부에서 발생하는 전개임을 깨달았기 때문이다.

> 주체가 사고하는 것임을 의식하는 사고의 [자기로의] 전환은 또 다른 측면, 즉 주체가 자기에 대해 본질적이고 절대적인 내용을 달성하는 것을 자기 과제로 자임한다는 측면과 관련된다(II, 4; 3-5 참조).

대상이 필연적으로 주체에 대한 대상임을 인식하는 것은 사고의 객관성[대상성]의 기준이 어떻게 해서든 주관성 내부에서 추구되어야 함을 인정하는 것이다. 따라서 "인간이 만물의 척도다"라는 **프로타고라스**의 격언은 그것이 **이성적인 것으로서** 인간에 대해 말하는 것이라면 아주 훌륭한 의미를 갖는다(II, 30). 사실 이후 철학에서의 모든 진보는 사고의 목적이 철저하게 이성적이 되는 것임을 자각하는 데 달려 있다(II, 31). 따라서 그[주체]의 사고가 모든 존재를 내포하는 주체에게 명시적으로 관심을 돌림으로써 이전의 모든 사고를 요약하는 것은 **소크라테스**다(II, 42-3).

플라톤은 존재가 사고에게만 주어진다는 것을 인식함으로써 한 걸음 더 나아간다(II, 203). "우리가 신성(神性)을 의식하게 되는 원천은 소크라테스의 경우와 동일하다. 인간 자신의 사고가 이런 원천인데, 이것은 그 자체로 본질적인 것을 포함한다"(II, 202). 사물에 대한 표상·가상은 [주체의] 외부로부터 오지만, 그러나 그것[표상·가상]이 보편화되는 사고는 외부가 아니라 활동하는 주체로부터 온다. 사고는 [표상·가상과 달리] 주체에 대해 작용하는 사물의 생산물이 아니다(II, 204). 그럼에도 불구하고 너무 이른 시기에 활동한 플라톤의 관념은 적합한 방식으로 주관적이지 않다. "주관성의 이런 결여는 그리스의 윤리적 관념 그 자체에서의 결여인 것이다"(II, 294). 아리스토텔레스가 이런[형이상학적] 노선에 따라 사태를 개선한 것은 아니지만, 그러나 사고라고 불리는 주체의 활동에 대한 논리학적 설명에 기여한다(II, 411).

반면 이미 검토한 것처럼 스토아주의자와 회의주의자는 주관성을 최대화함으로써 객관성을 상실한다. "모든 지식의 주관성에 대한 견해에서 회의주의자는 극단화되어 보편적으로 지식 내부의 존재를 환상의 표현으로 대체했다"(II, 538). 신플라톤주의자의 출현으로 인해 비로소 우리가 관찰해온 전개는 현실의 세계가 사고 속에서만 자신을 표현한다는 의식에 도달한다(III, 4). 따라서 여기서 우리가 의식하는 존재와 우리가 의식하는 자기의 동일성이 철학에서 자신의 위치를 차지하기 시작하는 것이다. "그러나 자기의식과 존재의 통일성은 알렉산드리아 학파[신플라톤주의자]에게서 더 철학적으로 또 더 개념적으로 파악된다"(III, 31).

기이하게도 헤겔은 자신의 사고가 [유한한 인식(*scientia*)과 무한한 인식(*sapientia*)을 구별하는] 아우구스티누스를 연상시킴에도 불구하고 철학의 주체적 성격의 의식에 대한 그의 기여를 인식하지 못했던 것 같다. 따라서 그는 신플라톤주의자의 주체성에서 루터의 주체성으로 비약한다. 루터는 인간의 사고를 자기 내부로부터 오는 것으로 철저히 전환시킨다(III, 256-7). 물론 그의 질문은 신앙의 질문이지만, 그러나 신앙의 내용이 그것[신앙]의 대상이 됨으로써 그런 내용으로 구성된다(III, 260-1)는 그의 자각은 데카르트부터 피히테까지 철학을 특징짓는 주체성에 대한 강조로의 길을 연다. 이것과 관련하여 흥미롭게도 헤겔이 신비사상가인 뵈메에게 특히 주목한다는 것을 지적할 수 있는데, 그는 그를 프로테스탄트적 원리에 따르는 "독일 최초의 철학자"라고 부른다. "사고의 세계를 [실러가 말하는] 내부적 자기(Gemüt) 안에 위치짓고, 외부적인 모든 것을 자기의식 안에서 관찰하고 인식하며 감각한다는" 그런 원리 말이다(III, 300).

그러나 데카르트에게 와서 비로소 의식이 자기 내부에서 철학을 하기 위해 필요한 모든 것을 갖는다. "그와 함께 본래적 의미에서 자율적인 철학이 개시된다. 자신이 이성으로부터 자율적으로 유래한다는 것, 또 자기의식이 진리의 본질적 계기라는 것을 인식하는 철학 말이다"(III, 328). 철학적 사고는 이제 자신을 정당화할 수 있는데(III, 331 참조), 그것은 다른 모든 것과는 다른 방식으로 자아를 표현하는 보편적 사고인 것이다(III, 342-3). 헤겔은 칸트 이전까지 주체성의 노선에 따른 그 이상의 진보를 발견하지 못한다.

칸트의 '코페르니쿠스적 혁명'은 이제까지 관찰된 것 중 가장 신중하고 강조적인 주체성으로의 전환이다. 필연성과 보편성이 존재할 경우에만 진정한 지식이 존재하고, 필연성과 보편성의 유일한 원천은 주체일 따름이다(III, 554-5). 그러나 불행하게도 주체로 전환하면서 칸트는 그것[주체]의 내용의 객관성 자체에 책임이 있는 보편적 이성이 아니라 주체만을 발견한다(III, 554). "그러나 칸트적 자아는 본래적 의미에서 이성을 달성하지 못하고, 여전히 보편성과 대립하는 개별적 자기의식 그 자체로 남아 있다"(III, 571).

반면 피히테는 자기의 의식으로부터 존재의 범주를 도출하고자 더 철저하게 시도하는데, 그러나 그의 도출은 아직도 자기의 의식과 현실의 의식을 분리한다(III, 627-8). 마지막으로 셸링에게서 자연과 정신의 대응이 완성되어 "모순의 절대적 통일성"이 달성된다(III, 659). 경험과 개념이 완전하게 화해하는데(III, 681), 이는 구체적 통일성이 과정으로 파악되어야 함을 인정하는 것이다(III, 646). 그러나 셸링은 이 과정을 논리적으로 가공하는 데 실패하므로(III, 662), 『정신현상학』에서 헤겔이 말하듯이 그의 통일성은 "모든 암소가 까만 밤"처럼 무차별한 통일성이다.[12)]

주체성이 그 과제에 부적합함이 증명되는 것은 불가피한데, 개별적이고 유한한 주체성은 필연적으로 부적합하기 때문이다. 형식적

---

12) *Phänomenologie des Geistes*, Meiner, 1952, p. 19.

이고 추상적인 방식 이상으로 개별성을 보편화하는 과정은 『정신현상학』이 묘사하고 『대논리학』이 가공하는 마무리를 기다려야 한다. 그러나 개별성과 보편성의 이런 화해는 자신의 역사를 갖기도 하는데, 각각의 철학자는 개인이고 각각의 사고는 개별적으로 생산되지만, 그러나 사고는 그 내용이 보편적인 한에서만 사고된다는 것이 그 모든 궁극적 함의와 함께 전진적으로 자각되기 때문이다.

개별성과 보편성의 통일

기이하게도 사고의 전진적 보편화 과정은 그리스인이 개별성의 중요성을 인정하면서 비로소 시작되었다(I, 192). 그때까지 개별성은 자연의 보편성 그 자체 속에 포섭되었는데, 그런 상황은 정신이 자연을 지배하면서 비로소 개선될 수 있었다(I, 190). 동양인의 추상적이고 비인격적인 신에서 그리스인의 개별화된 인격적 신으로의 이행이 전환을 예증한다(I, 152). 사고가 개별적이 아니라면, 그것은 실제로 사고가 아니다. 반면 그것이 단지 개별적이라면, 그것은 막다른 길(Holzweg)이다. 그것은 정신의 사고여야 하는데, 처음에는 인민정신(Volksgeist)의 사고(I, 291-2), 결국에는 모든 인간을 포괄하는 세계정신(Weltgeist)의 사고여야 한다(III, 691-2).

소크라테스가 자신의 최고의 개별성을 주장할 때가 이 과정에서 최초의 중요한 단계다(II, 54-5). 단순한 공통의 사견(*endoxa*, 여론)의 묵인을 금지하는 소크라테스의 '영적인 것'(*daimonion*)이 바로 보편성 속에서 개별성의 주장이다. 주어진 상황에서 아테네인이 보편적으로 어떻게 생각하든 개인으로서 자신이 해야 할 일을 알았던 것은 그였다(II, 95). 따라서 그의 재판에서 그에 대한 고발은 본질적으로 정당했는데, 그의 신은 아테네 인민의 신(들)이 아니었던 것이다(II, 106-7, 109-10). 인민의 양심[의식]에 반대하여 그 자신의 양심에 호소함으로써 그는 아직 진정한 보편적 원리가 되지 못한 단순한 개별적 원리를 주장했다(II, 115-7).

이런 원리를 구체화하는 과정은 그 후 플라톤에게서 시작되는데, 그는 사고가 단지 영혼의 고유성일 뿐만 아니라 또한 그 실체 자체이기도 하며 따라서 영혼은 사고에 속하는 보편성을 분유(分有)함을 자각한다(II, 208). 『파이돈』에서 그가 말하는 불멸성은 유한한 시간에 국한시킬 수 없는 영혼의 본질, 즉 사고의 보편성을 표현할 따름이다(II, 212-3). 존재의 진리는 사고 속에서 표현되므로 사고는 개별성이 아니라 보편성의 노동이다(II, 200 참조). 아리스토텔레스는 또다시 개별성의 중요성을 강조하지만(II, 302), 그러나 그것은 이성의 보편성에 포섭된다(II, 410). 플라톤에게서 추상적이던 사고가 아리스토텔레스에게서는 구체적이 되지만, 그러나 아직도 현실을 구성하는 다수의 상호관계를 인식할 정도로 체계적이지는 않다(II, 420-1).[13)]

여기서도 그 후의 철학의 전개의 영고성쇠 속에서 아리스토텔레스적 단계는 극복되지 못한다. 어떤 철학자는 개별성을 강조하고 다른 철학자는 보편성을 강조하면서 양자를 적합하게 화해시키지 못하는 것이다. 그러나 아리스토텔레스부터 스피노자—이미 검토한 것처럼 그에게서 비로소 아리스토텔레스 이후의 단계가 개시된다—까지의 장기적 시기에 개별성과 보편성의 화해는 철학이 신에 대한 진정한 지식을 지향할 때만 가능할 것이라는 점이 점차 분명해진다. "철학만이 신에 대한 학문이다"(III, 151). 따라서 철학은 철학으로서 자신의 운명을 완수하려면 신학이 되어야 하는데, "철학은 절대적 존재에 대한 지식, 즉 신학이기 때문이다"(III, 154). 『철학사 강의』 서론에서 선언된 주제이자 『정신현상학』, 『대논리학』, 『종교철학 강의』, 『신의 존재 증명에 대한 강의』에서 반복된 주제가 신은 자기를 사고하는 사고라는 아리스토텔레스의 기본적 통찰의 역사적 전개라는 맥락에서 되풀이되고 있는 것이다. 헤겔에게서 종교와 철학은 절대자라는 동일한 내용을 갖는데, 다만 종교는 표상·가

---

13) J. Glenn Gray, *Hegel and Greek Thought* (1941), Harper Torch Book, 1968, p. 71.

상[회화적 사고]이라는 형태를 갖고, 철학은 절대자에게 가장 적합한 사고라는 형태를 가질 따름이다.14)

중세철학에 대한 오해에도 불구하고, 헤겔은 이런 노선에 따라 스콜라 학파(특히 안셀무스)에게 몇 가지 공을 돌리는데, 진리의 본질적 무한성을 인정한 것(여기서도 또다시 아우구스티누스에 대한 무시는 수수께끼다), 이런 무한한 진리를 정신으로 묘사한 것(III, 200), 절대자에 대한 철학적 지식을 신에 대한 신학적 관심과 동일화한 것 등이 그것이다. 스콜라 학파의 오류는 형식논리학을 토대로 해서 신의 존재를 증명하려고 시도한 것인데, 신의 존재는 오히려 사변적으로 파악해야 하는 것이다(III, 167, 203 참조).

르네상스 시기에 인문주의의 부활이 고대에 대한 관심을 쇄신하면서(III, 213-4), 스콜라 학파의 잘못된 아리스토텔레스주의의 극복(III, 215)과 철학의 진리적 관념으로서 신 관념의 인식(III, 317 참조)을 위한 문이 열렸다. 또다시 스피노자가 이런 전개의 정점이지만, 그러나 그조차도 개별성과 보편성의 화해에 실패한다. 그는 개별적 실존자를 절대적 실체의 보편성에 대해 본질적으로 열등한 것으로 인식하기 때문이다(III, 381-2). 그의 오류는 (기하학에서처럼) 정의에서 시작하고 또 사고의 내용의 현실을 탐사하지 못한 데 있다(III, 384). 이렇게 하면서 스피노자는 (무한한) 이성이 아니라 (유한한) 오성에게 주어진 인식을 자신의 토대로 설정함으로써(III, 378) 신을 ['주체로 생성하는 실체'로서] 정신으로 파악하지 못하게 된다(III, 408).

부적합한 서술에도 불구하고 칸트에 대한 헤겔의 비판은 스피노자에 대한 비판과 본질적으로 동일하다. 칸트가 철학적 지식을 이성이 아니라 오성에 국한시키므로, 그는 사고의 대상으로서 절대자와 교통할 수 없고 또 유한한 사고가 파악할 수 없는 신에 대한 믿

14) Q. Lauer, "Hegel on the Identity of Content in Philosophy and Religion", in Darrel Christensen, ed., *Hegel and the Philosophy of Religion*, Nijhoff, 1970, pp. 261-95.

음['이성종교']에 의존해야 한다는 것이다.[15] 칸트보다 더 '사변적'인 피히테나 셸링도 유한한 사고와 사고의 무한한 내용으로서 절대자 사이의 간격을 메우는 데 실패한다. 피히테의 절대적 자아는 그 사고의 내용으로서 개념의 전개를 어떻게 해서든 회피하고(III, 637), 셸링은 본래적 의미에서 사고가 아닌 [낭만주의적인] "지적 직관"에 의존한다는 것이다(III, 654, 662).

결론

이 모든 것의 결론은 우리가 예상했던 바 그대로인데, 헤겔의 『대논리학』이 절대정신의 절대사고를 그 절대대상인 [절대]관념과 동일화할 때까지 철학은 절대자에 대한 사고라는 자신의 과제에 적합함을 증명하지 못했다는 것이다. 철학이 필연적으로 사고하는 존재가 적합하게 사고되려면, 어떻게 해서든 그것은 그것을 사고하는 사고의 생산물로 인식되어야 한다. 그러나 사고는 사고만을 생산할 따름이고, 따라서 사고의 대상인 존재와 사고의 생산물인 사고를 동일화해야 한다. 그러나 사고가 사고하는 유한한 주체의 활동 이상이 못된다면, 이렇게 할 수 없다. 개인이 사고를 사고하고 따라서 존재를 사고하는 것이 아니라, 오히려 사고가 개인 속에서 (또 그를 통해서) 사고와 존재를 사고한다는 것이다. 이제까지 철학의 영원한 문제는 개인 속에서 활동하면서도 그 타당성이 개인의 한계를 초월하는 이성을 보편화하는 것이었다. 헤겔이 이 문제를 해결했는지 여부는 논쟁적인 질문일 것이다. 그러나 그가 이성(또는 정신)이 유한성의 경계를 전진적으로 초월함으로써 그 무한성을 표현하는 과정에 대한 인상적인 역사적 묘사를 제시했다는 것은 거의 논란의 여지가 없다.

---

15) 이성의 무한성을 인정하는 데 실패한 칸트에 대한 헤겔의 비판은 Lauer, "Hegel's Critique of Kant's Theology", *op. cit.*를 참조하시오.

헤겔의 체계와 『철학사 강의』*)

켄틴 로어

[『헤겔의 철학 관념』에 번역된] 『철학사 강의』 서론은 헤겔 철학이 의도하는 '체계' 전체에서 차지하는 위치 때문에 특히 중요하다. 그 위치가 무엇인가는 체계 전체에 대한 묘사를 통해 설명될 수 있는데, 그것[체계]은 헤겔 철학 그 자체인 동시에 형이상학적 시도 전체를 불신하는 철학자들에 대한 그의 답변이기도 하다.

전통적인 스콜라주의와 대륙적 합리주의 양자의 추상적 사변을 극복하려고 시도하면서 영국의 경험주의자들, 특히 흄은 감각 속에서 현실의 무매개적 현존의 우위를 주장했다. 따라서 이런 맥락에서 (감각과 대립하는) 사고는 현실로부터 이탈하는 운동이다. 즉 사고는 감각 속에 무매개적으로 주어지는 충만하고 풍부한 내용으로부터의 전진적 추상화인 것이다. 이런 과정의 일정한 유용성을 인식하지 못했다면, 물론 경험주의자들은 인간의 경험의 상수와 모순에 빠졌을 것이다. 그것[추상화과정]은 적어도 현실을 단순화하여 더 조작가능하게 만들었기 때문이다. 그러나 그들은 사고 속에서

---

*) Quentin Lauer, "The Hegelian System", in *Hegel's Idea of Philosophy* (1971), 2nd ed., Fordham University Press, 1983. 헤겔 철학의 개요는 오토 푀겔러 외, 『헤겔 철학 서설』(1977), 새밭, 1980을 참조하시오.

구체성이 일정 정도 상실되며 그것은 감각이 보증하는 무매개성으로 복귀함으로써만 회복될 수 있다고 생각했다.

이 점에서 자신의 위대한 선배였던 칸트, 피히테, 셸링의 시도를 완성하여 흄에게 답변하고자 했던 헤겔에게 구체성의 장소가 감각을 통한 의식 속에서의 현실의 무매개적 현존이라는 것은 분명 진실이 아니었다. [현실주의자인] 로크보다 오히려 [실재론자인] 플라톤에게서 단서를 발견한 그는 현실이 감각보다 사고와 관념 속에서 더 구체적으로 현존한다고 (더 현실적이라고) 확신했다. 이를 위해 그는 우리가 현실을 더 철저하게 파악하려고 시도하면서 현실 그 자체가 아니라 현실에 대한 우리의 관념에 의지한다는 공통의 경험에서 시작했고 그 이상의 것을 필요로 하지 않았다. 기이하게도 그는 실험과학들에서 이런 확신에 대한 보증을 발견했는데, 현실 세계에 대한 과학적 관찰은 사고로 전환되기 이전에는 빈약할 따름이라는 것이었다. 칸트처럼 그는 "직관 없는 개념은 공허하다"는 것을 아주 분명하게 인정했지만, 그러나 진정 변증법인 방식으로 "개념 없는 직관은 맹목이다"라는 것도 마찬가지로 분명하게 인정했다. 그러나 이것은 그에게 단지 사고와 감각의 상보성 이상의 것을 의미했다. 의식의 내용이 감각 속에서 주어지더라도, 그 내용은 감각 속에서는 완전하게 파악될 수 없고, 최소한의 인식에서 출발하여 완전한 이성적 지식의 인식의 (이상적) 총체성으로 운동하는 과정 속에서만 완전하게 파악될 수 있다는 것이었다. 또 최초의 추상성을 고수하면서 그 내용의 전진적으로 더 구체적인 표현—결국 (또다시 이상적으로는) 현실의 총체성—에 의해 특징지어지지 않는 한, 사고의 과정은 공허한 게임 이상의 것은 아니라는 것이었다. 그가 '지식'(Wissen) 또는 '학문'(Wissenschaft)이라고 부르는 인식의 총체성은 현실의 총체성에 대한 인식이다. 그리고 이것은 인간이 현실의 현실성 자체를 현실의 전진적인 자기표현이기도 한 현실에 대한 인식 속에서만 발견할 것이라는 자각과 관련된다.

따라서 헤겔 체계의 핵심은 『대논리학』인데, 여기서 철학적 사고는 사고에 침투하여 그 속에서 현실의 계시를 발견한다. 그 자신이 『대논리학』을 "자연과 유한한 정신의 창조 이전부터 그 영원한 본질 속에 존재하는 그대로의 신에 대한 서술"[1]로 특징지었는데, 달리 말하자면 사고의 총체성이 현실의 총체성과의 동일성을 획득하기 위해 인간의 역사의 전개를 기다리지 않는다는 것이다. 물론 이런 동일화에 대한 인간의 인식은 의식이 전개되는 역사적 과정과 독립적으로 달성될 수 없다. 현실은 사고된 현실일 때만 진정으로 현실적이라고 말하는 것은 충분히 진실이다. 그러나 사고는 현실과 교통하는 과정으로서만 진정으로 사고된다는 것도 마찬가지로 진실이다. 바로 이런 이유 때문에 자신의 기념비적인 『대논리학』을 체계의 초석으로 간주하면서도 헤겔은 의식이 완전한 의미에서 사고되게 되는 과정에 대한 설명을 서론으로 채택하지 않고서는 사고의 심오함으로 투신하여 그곳에서 현실을 발견하는 것이 불가능함을 자각했다. 따라서 전체적 구조는 의식이 현실을 발견하기 위해 [대문자로 시작되는] 정신[2]으로서 자기를 정당하게 조사할 수 있음

1) *Wissenschaft der Logik*, Meiner, 1963, Vol. I, p. 31.

2) [영어나 불어에서] '정신'(Geist)이라는 용어의 두문자를 대문자로 표기할 것인가 여부는 불가피하게 얼마간 자의적일 것이다. [명사의 두문자를 대문자로 표기하는] 독일어 원문은 물론 전혀 도움이 되지 않는다. 따라서 이 용어가 나타날 때마다 헤겔이 의도하는 의미를 문맥에 따라 결정해야 한다. '정신'은 적어도 다섯 가지 의미를 갖는 것 같다. 1) 절대정신은 사고의 모든 형태의 역사에서 전진적으로 자기를 표현하는 전체적인 인격화된 (대문자의) 정신이다. 이런 정신이 신과 동일화되어야 하는가는 물론 논란의 여지가 있지만, 그러나 위에서 지적된 바 있는 '신'과 '유한한 (소문자의) 정신' 사이의 대조는 '절대정신'이 무한하므로 신과 거의 구별될 수 없음을 의미하는 것 같다. 2) 인간적 개체 각자는 가장 진실된 그 자신으로서 실현될 때 (소문자의) '정신'이다. 말하자면 (대문자의) '정신'에 참여하는 것이다. 3) 어떤 인민 또는 어떤 시대의 (소문자의) '정신'은 집단적 활동의 공동의 원천이다. 4) (소문자의) '정신'은 일종의 보편 명사로 사용되는데, 그것의 다른 사용법은 예증(instantiation)이다. 5) 이 용어가 이상의 네 가지 의미 모두를 결합하는 것 같은 사례(instance)가 존재한다. 의미가 분명 첫 번째 경우이거나 다섯 번째 경우처럼 보일 때, 두문자를 대문자로 표기할 것이다. 다른 모든 경우에는 두문자를 소문자로 표기할 것이다.

을 인식하게 되는 역사적 경로를 묘사하는 『정신현상학』에서 그 기초가 놓여질 때까지 기다려야 했다.[3]

『정신현상학』에서 일단 그 기초가 확립되면, 가장 체계적인 철학적 체계가 형성될 수 있었다(『정신현상학』 이전에 이미 헤겔이 한 번 이상 전체적 구조를 위한 청사진의 초안을 작성한 바 있었지만 말이다). 이제 『대논리학』은 사고의 범주가 현실의 범주로 표현되는 것에 대한 인식을 표현하게 된다. 정신이 역사를 통해 달성하는 자기에 대한 전진적 인식은 영원히 ("창조 이전부터") 그곳에 존재했던 모든 것의 전진적인 표현일 것이다. 그러나 정신이 이 모든 것을 그 자체로 인정하기 위한 조건은 먼저 자신의 외부로 나가서 그곳에 있는 모든 것이 그 자신의 노동이라는 지식을 획득한 다음 그런 지식에 의해 풍부해진 채로 다시 자기에게로 돌아온다는 것이다. 따라서 정신은 자기 외부로 나가 '자연철학'이 된다.[4] 그것의 요점은 자연 그 자체가 관념의 구체화이므로 자연이 스스로 정신의 노동임을 표현한다는 것을 보여주는 합목적적인 질서가 자연 속에서 발견될 수 있음을 증명하는 것이었다. 학문이 성공적인 것은 칸트가 지적한 것처럼 그것이 자신의 질문에 대답하도록 자연을 강제할 수 있고 또 이런 대답이 관념의 세계에 속하기 때문이다.

그러나 정신이 자연에서 추구하는 것은 단지 자연에 대한 질문의 대답뿐만 아니라 또한 자기에 대한 질문의 대답이기도 하다. 정신은 이 대답 역시 관념에서 발견하는데, 이는 자연과 그 법칙이 이 관념의 내용을 구성하기 때문이 아니라 관념을 갖는다는 것이 말하자면 정신의 자연[본성]을 표현하기 때문이다. 헤겔의 '정신철학'은 이렇게 시작된다.

---

3) 『정신현상학』에서 헤겔은 단순한 감각에서 절대지식까지 [의식의] 경험의 과정을 추적함으로써 지식을 향한 운동이 전진적 구체화의 운동임을 증명하려고 시도한다. 따라서 이것에 후속하는 『대논리학』은 구체적 사고의 논리학인 것이다.

4) 물론 이것이 그의 강점은 아니지만, 그러나 이것을 통해 그가 당대의 자연과학의 중요성에 대해 깊은 지식을 가졌음을 알 수 있다.

정신철학은 우선 주관정신의 철학인데, 이것은 단지 자연일 뿐만 아니라 또한 정신이기도 한 인간이 무엇을 할 수 있는가를 우리에게 말해준다고 할 수 있다. 이것에는 세 단계가 존재한다. a) 인간이 그의 존재, 그의 자연[본성]을 발견하는 인간학, b) 인간이 외부적 현실과 동시에 자기를 의식할 수 있는 자신의 능력을 검토하는 현상학(체계 전체의 서론으로서 『정신현상학』과 혼동하면 안 된다), c) 인간이 자신을 자유로운 활동을 그 정점으로 하는 정신적 활동에 의해 자기결정하는 주체로 간주하는 심리학이 그것이다. 이 마지막 활동으로 인해 객관정신으로 이행할 수 있는데, 이것은 자신을 자기로 결정한다는 의미에서 자기결정하는 자유로운 존재로서 인간에게 진리적인 것에 대해 관심을 갖는다. 객관정신의 철학도 역시 세 단계로 표현된다. a) 자신이 아닌 것[대상]을 소유할 수 있는 권리에 의해 특징지어지는 인격으로서 개별적 인간, b) 자신의 주관적 의지에 대한 자기제한으로서 도덕(Moralität)을 결정할 수 있는 자기로서 개별적 인격, c) 그 자유 의지가 사회를 사회로서 통치하는 윤리(Sittlichkeit)를 지향하는 사회(가족·부르주아 시민사회·국가)의 성원으로서 인격이 그것이다.[5]

자유로운 정신으로서 인간이 개인인 동시에 사회 성원으로서 확립될 때만, 헤겔이 절대정신의 철학이라고 부르는 정신철학의 세 번째 단계로 전진할 수 있다. 이것은 개별적 인간이 무엇인가, 무엇을 할 수 있는가, 또는 무엇을 하는가가 아니라, 자연, 자기 자신, 또는 타인에게 작용할 수 있는—따라서 그가 살고 있는 세계를 변형시킬 뿐만 아니라 또한 인간 자체가 할 수 있는 모든 것을 표현하기도 하는[6]—자유로운 정신으로서 인간(또는 인류)이 생산한 것에 관심을 갖는다. 정신철학의 마지막 단계가 양적으로는 헤겔의

---

5) 체계 전체를 묘사하는 『철학백과사전』에서 도출되는 도덕과 윤리의 관계와 『정신현상학』에서 묘사되는 그것 사이에는 외견상 모순이 존재한다. 『정신현상학』에서는 얼마간 더 애매한 [고대적] 윤리가 더 의식적인 [현대적] 도덕으로 귀결된다.(…)

6) 말하자면 인간이 하는 모든 것에는 그의 서명·날인이 있다.

유산 대부분을 구성한다.[7] 절대정신의 개요는 『정신현상학』에 제시되어 있는데, 여기서 그는 이성의 궁극은 절대정신의 절대관념에 대한 관계에서 발견될 수 있음을 증명하려고 시도한다. 절대정신으로서 의식은 주관적 측면에서 절정에 도달하고, 절대관념과 함께 "현실 전체"라는 객관적 내용이 그 주관적 개념에 적합하게 대응함으로써 정신은 주체와 대상의 궁극적 통일로 표현된다. 『정신현상학』의 운동 전체가 증명하듯이 내용이 형태에 선행하는데, 의식이 그 자신의 내용을 파악하여 그것에 적합하게 되도록 계속 강제되기 때문이다. 따라서 정신의 의식의 내용은 이 내용에 대한 정신의 파악 자체가 절대적이기 이전에 이미 절대적인 것이고, 인간의 정신이 이런 적합성에 접근해가는 단계는 그가 자신을 예술·종교·철학이라는 세 절대자와 관계짓는 활동의 세 단계인 것이다.

이제 헤겔의 저작 전체를 조사해보면, 그것이 이상의 체계적 구조와 정확히 또 그럴 듯하게 맞아떨어진다는 것을 알 수 있다. 우리는 이미 『정신현상학』(1807)과 『대논리학』(1812-16)의 위치를 검토했다. 『철학백과사전』(1817)은 구조 전체를 묘사하려는 시도[교과서]다. 헤겔은 자연철학을 전개한 바 없는데, 그것에 대한 유일한 암시는 『철학백과사전』에 같은 제목으로 포함되어 있다.[8] 게다가 주관정신의 철학도 (『정신현상학』을 제외한다면) 헤겔에 의해 명시적으로 전개된 바 없다.[9] 객관정신의 철학은 그의 생전에 마지막으로 출판된 네 번째 저서[두 번째 교과서]인 『법철학』(1821)에서 전개되는데, 그밖에도 현대 헌법론에 큰 기여를 한 수많은 정치 논문들이 있다. 『미학 강의』로 더 잘 알려진 『예술철학 강의』(사후에

7) 그러나 아주 역설적으로 헤겔 자신이 출판한 것은 거의 없는데, 그의 강의를 학생들이 필기한 노트를 사후에 출판한 것이기 때문이다.

8) 물론 1923년에 출판된 예나 시기 원고로 인해 그가 '자연철학'을 어떻게 전개했는가에 대한 추가적 증거를 갖게 되었지만, 그러나 이것도 스케치에 지나지 않는다. *Jenenser Logik, Metaphysik und Naturphilosophie*, Meiner, 1957, pp. 187-359.

9) 물론 그의 저작 전체에서 인간학적인 동시에 심리학적인 함의를 발견할 수 있다.

출판된 학생들의 필기 노트; 1823년 이후)나 『종교철학 강의』(1821년 이후) 및 『신의 존재 증명에 대한 강의』(1829년 논리학 강의를 보충하는 강의)의 위치는 물론 쉽게 확인할 수 있다.[10] 그러나 『역사철학 강의』(1822-23년 이후)나 『철학사 강의』(1805-06년, 그리고 1816-17년 이후)의 위치를 확인하는 것은 곤란하다. 전자는 객관정신의 철학에 속한다고 말하는 것이 안전할 것이다. 그러나 후자를 위치짓기 위해서는 약간의 추측이 필요할 것이다.

『정신현상학』에서 절대자의 의식의 세 단계를 묘사하면서 헤겔은 정신이 의식하는 [내용으로서] 절대자가 항상 단일하고 동일함을 주의 깊게 지적한다. 차이는 의식의 형태인 것이다. 예술에서 절대자는 감각적 형태[즉 직관]로 의식에 현존하고, 종교에서 그 형태는 표상·가상(Vorstellung, 회화적 사고)이며, [예술과 종교에 후속하는] 철학에서는 그 자체 절대적인 유일한 의식의 형태로서 사고가 그 형태다. 헤겔이 강의에서 예술철학과 종교철학을 전개했지만, 그러나 철학의 철학을 제시한 적은 없었다는 사실은 의미가 없지 않을 것이다. 물론 체계 전체가 바로 그것이라고 주장할 수도 있을 것이다. 그러나 동시에 그가 철학사에 대한 강의를 아홉 번이나 했을 뿐만 아니라 또한 이 강의들에서 그가 다른 곳[특히 『대논리학』]에서와는 다른 방식으로 철학이 무엇인가에 대해 우리에게 말해주기도 함을 지적할 수 있을 것이다. 우리가 철학이 무엇인가를 알 수 있는 것은 바로 철학사 안에서 또 그것을 통해서다. 이렇게 해석한다면, 철학사가 철학의 철학이자 절대정신의 철학 및 헤겔의 체계 전체의 정점이다. 이런 해석은 적어도 『철학사 강의』 서론[에서 제시되는 헤겔의 철학 관념]을 더 잘 이해할 수 있게 해준다.

(…)

10) 헤겔 자신은 출판하려는 의도가 없었던 것이 분명한 『초기 신학 논문집』의 위치도 마찬가지다.

‘과천연구실 세미나’ 개관

I. 일반화된 마르크스주의와 성적 차이의 페미니즘

윤소영, 『마르크스주의의 전화와 ‘인권의 정치’: 알튀세르를 위하여』, 과천연구실 세미나 1, 문화과학사, 1995; 『마르크스의 ‘경제학 비판’』, 과천연구실 세미나 15, 공감, 2001; 『마르크스의 ‘경제학 비판’과 소련 사회주의』, 과천연구실 세미나 16, 공감, 2002; 『마르크스의 ‘경제학 비판’과 평의회 마르크스주의』, 과천연구실 세미나 18, 공감, 2003; 『마르크스의 ‘경제학 비판’과 대안세계화 운동』, 과천연구실 세미나 20, 공감, 2003.

윤소영, 『알튀세르를 위한 강의: ‘마르크스주의의 일반화’를 위하여』, 과천연구실 세미나 3, 공감, 1996; 『일반화된 마르크스주의 개론』, 과천연구실 세미나 28, 공감, 2006; 『역사적 마르크스주의: 이념과 운동』, 과천연구실 세미나 22, 공감, 2004; 권현정, 『마르크스주의 페미니즘의 현재성』, 과천연구실 세미나 17, 공감, 2002; 권현정 외, 『페미니즘 역사의 재구성: 가족과 성욕을 둘러싼 쟁점들』, 과천연구실 세미나 19, 공감, 2003.

에티엔 발리바르, 『마르크스의 철학, 마르크스의 정치』, 과천연구실 세미나 2, 문화과학사, 1995; 에티엔 발리바르·피에르 마슈레, 『스피노자의 철학, 스피노자의 정치』 (윤소영, 『알튀세르의 현재성: 마르크스, 프로이트, 스피노자』, 과천연구실 세미나 5, 공감, 1996에 실림); 에티엔 발리바르 외, 『‘인권의 정치’와 성적 차이』, 과천연구실 세미나 21, 공감, 2003; 뤼스 이리가레 외, 『성적 차이와 페미니즘』, 과천연구실 세미나 8, 공감, 1997.

II. 포스트구조주의 비판

윤소영, 「발리바르의 『마르크스의 철학』에 관하여」 (윤소영, 『알튀세르를 위한 강의: '마르크스주의의 일반화'를 위하여』, 과천연구실 세미나 3, 공감, 1996에 실림); 「알튀세르와 라캉: 마르크스주의 전화를 위한 쟁점들」 (루이 알튀세르 외, 『알튀세르와 라캉: '프로이트-마르크스주의'를 넘어서』, 과천연구실 세미나 4, 공감, 1996에 실림); 「뤼스 이리가레의 '성적 차이의 윤리'」 (윤소영, 『마르크스주의의 전화와 '인권의 정치': 알튀세르를 위하여』, 과천연구실 세미나 1, 문화과학사, 1995에 실림); 「데리다의 『마르크스의 유령들』에 관한 단상들」 (윤소영, 『알튀세르를 위한 강의: '마르크스주의의 일반화'를 위하여』, 과천연구실 세미나 3, 공감, 1996에 실림); 「스피노자-마르크스주의와 포스트구조주의 비판」 (메이너드 솔로몬 외, 『베토벤: '윤리적 미' 또는 '승화된 에로스'』, 공감, 1997에 실림).

윤소영, 『알튀세르의 현재성: 마르크스, 프로이트, 스피노자』, 과천연구실 세미나 5, 공감, 1996.

에티엔 발리바르, 『마르크스의 철학, 마르크스의 정치』, 과천연구실 세미나 2, 문화과학사, 1995; 에티엔 발리바르·피에르 마슈레, 『스피노자의 철학, 스피노자의 정치』 (윤소영, 『알튀세르의 현재성: 마르크스, 프로이트, 스피노자』, 과천연구실 세미나 5, 공감, 1996에 실림); 메이너드 솔로몬 외, 『베토벤: '윤리적 미' 또는 '승화된 에로스'』, 공감, 1997; 루이 알튀세르 외, 『알튀세르와 라캉: '프로이트-마르크스주의'를 넘어서』, 과천연구실 세미나 4, 공감, 1996; 뤼스 이리가레 외, 『성적 차이와 페미니즘』, 과천연구실 세미나 8, 공감, 1997; 에티엔 발리바르 외, 『'인권의 정치'와 성적 차이』, 과천연구실 세미나 21, 공감, 2003.

III. 신자유주의 비판

윤소영, 「쉬잔 드 브뤼노프의 신자유주의 비판」 및 「뤼스 이리가레의 '성적 차이의 윤리'」 (윤소영, 『마르크스주의의 전화와 '인권의 정치': 알튀세르를 위하여』, 과천연구실 세미나 1, 문화과학사, 1995에 실림); 『일반화된 마르크스주의와 역사적 자본주의 분석』, 과천연구실 세미나 6, 공감, 1998; 『이윤율의 경제학: 헨릭 그로스만(1881-1950)을 위하여』 (『이윤율의 경제학과 신자유주의 비판』, 과천연구실 세미나 13, 공감, 2001에 실림); 『마르크스의 '경제학 비판'』, 과천연구실 세미나 15, 공감, 2001.

윤소영, 「브뤼노프의 신자유주의 비판」 및 「이리가레의 '성적 차이의 윤리'」 (윤소영, 『알튀세르를 위한 강의: '마르크스주의의 일반화'를 위하여』, 과천연구실 세미나 3, 공감, 1996에 실림); 『신자유주의적 '금융 세계화'와 '워싱턴 콘센서스': 마르크스적 비판의 쟁점들』, 과천연구실 세미나 11, 공감, 1999; 『신자유주의 비판』 (『이윤율의 경제학과 신자유주의 비판』, 과천연구실 세미나 13, 공감, 2001에 실림); 『일반화된 마르크스주의 개론』, 과천연구실 세미나 28, 공감, 2006; 김석진 외, 『자본주의의 위기와 역사적 마르크스주의』, 과천연구실 세미나 14, 공감, 2001; 이미경, 『신자유주의적 '반격' 하에서 핵가족과 '가족의 위기': 페미니즘적 비판의 쟁점들』, 과천연구실 세미나 12, 공감, 1999.

장 로블랭 외, 『세계화와 신자유주의 비판을 위하여』, 과천연구실 세미나 7, 공감, 1997; 조반니 아리기 외, 『발전주의 비판에서 신자유주의 비판으로: 세계체계론의 시각』, 과천연구실 세미나 9, 공감, 1998; 다이앤 엘슨 외, 『발전주의 비판에서 신자유주의 비판으로: 페미니즘의 시각』, 과천연구실 세미나 10, 공감, 1998; 에티엔 발리바르 외, 『'인권의 정치'와 성적 차이』, 과천연구실 세미나 21, 공감, 2003.